隧道机械化及工装配套快速施工指南

主 编 金明标 刘向东 田亚军
副主编 郑 文 桂 刚

北京工业大学出版社

图书在版编目（CIP）数据

隧道机械化及工装配套快速施工指南 / 金明标，刘向东，田亚军主编. -- 北京：北京工业大学出版社，2025.1. --ISBN 978-7-5639-8775-7

I. U459.1-62

中国国家版本馆CIP数据核字第2025PY4594号

隧道机械化及工装配套快速施工指南
SUIDAO JIXIEHUA JI GONGZHUANG PEITAO KUAISU SHIGONG ZHINAN

主　　编：	金明标　刘向东　田亚军
责任编辑：	付　存
封面设计：	文人雅士文化传媒
出版发行：	北京工业大学出版社　http://press.bjut.edu.cn
	（北京市朝阳区平乐园100号　邮编：100124）
	010-67391722　　bgdcbs@bjut.edu.cn
经销单位：	全国各地新华书店
承印单位：	三河市富华印刷包装有限公司
开　　本：	710毫米×1000毫米　1/16
印　　张：	13
字　　数：	227千字
版　　次：	2025年6月第1版
印　　次：	2025年6月第1次印刷
标准书号：	ISBN 978-7-5639-8775-7
定　　价：	65.00元

版权所有　翻印必究

（如发现印装质量问题,请寄本社发行部调换 010-67391106）

PREFACE 前 言

随着社会主义现代化建设进程的全面推进，当前国家基础设施建设方兴未艾，工程规模越来越大，技术难度也越来越高。隧道施工中面临如何保证工程质量、提高安全系数、改善作业环境、降低作业强度、提升作业工效、有效节约资源等重难点问题。为提高隧道施工的效率和质量，机械化施工及工装配套技术应运而生。

近年来，我国在拉林铁路、郑万铁路、张吉怀铁路、川藏铁路、京张铁路等项目建设中推广探索钻爆法隧道机械化配套施工，目前已经形成多种机械化施工成套技术和设备配套模式，能满足超前地质预报、钻爆开挖、喷锚支护、仰拱、防排水、二次衬砌、空洞检测等施工作业，实现了机械化快速施工。本书是基于拉林铁路等项目对隧道工程建设设备、人员、施工、成本、安全等方面的管理工作及关键制度进行的总结论述，可以为同行提供借鉴。

本书在编写过程中虽反复推敲核证，仍难免有不妥和疏漏之处，恳请广大读者提出宝贵意见，以便进一步修改完善。

CONTENTS 目 录

第 1 章 机械设备管理指南 … 001

1.1 设备前期管理 … 001
1.2 设备基础管理 … 002
1.3 设备使用与保养 … 007
1.4 设备修理 … 013
1.5 机械设备用油、用水管理 … 016
1.6 设备安全管理 … 018
1.7 设备事故管理 … 022
1.8 各类机械设备安全操作 … 024
1.9 设备教育与培训管理 … 025
1.10 设备监察管理 … 026
1.11 检查评比与奖励 … 026
1.12 凿岩台车管理 … 027

第 2 章 人员管理指南 … 032

2.1 台车学员评级考核管理及实施 … 032
2.2 操作手评级考核管理及实施 … 035
2.3 机长责任制考核 … 038
2.4 导师带徒 … 040
2.5 超欠挖个人档案 … 041

第 3 章　施工管理指南 ······ 042

3.1　工艺工法 ······ 042
3.2　隧道作业线及设备工装配置 ······ 066
3.3　作业指导书 ······ 072
3.4　开挖质量 ······ 104
3.5　进度管理 ······ 109

第 4 章　成本管理指南 ······ 114

4.1　单机核算管理 ······ 114
4.2　班组分包管理 ······ 116
4.3　责任成本管理 ······ 122
4.4　经济活动分析管理 ······ 129

第 5 章　安全生产管理指南 ······ 133

5.1　安全生产管理体系及职责 ······ 133
5.2　安全生产管理制度 ······ 145
5.3　大型工程机械安全管理 ······ 176
5.4　风险识别与评价 ······ 180
5.5　安全生产事故应急管理 ······ 183
5.6　安全保证措施 ······ 185
5.7　安全生产奖罚管理 ······ 199

第 1 章　机械设备管理指南

1.1　设备前期管理

1.1.1　前期管理的要求

机械设备前期管理是机械设备全过程管理中极为重要的部分，施工企业的项目部必须重视和加强前期管理工作，在参与做好规划、选型论证的基础上，做好安装、调试、验收、组资、索赔和使用效果评价的工作。

1.1.2　装备规划

项目部按照施工任务和设备经租情况，按以下原则做好装备规划工作：

（1）机械设备能力要适应项目施工的发展和要求；

（2）在社会竞争中具有优势；

（3）与先进施工工艺和施工组织相适应；

（4）装备结构能配套，符合系列化、标准化、精细化要求；

（5）符合专业化协作的发展趋势。

1.1.3　机械设备的购置

公司机电设备管理部（以下简称机电部）根据各项目部所提供的设备配备计划，结合自有设备资源和使用情况，做出是否进行设备购置的决定。购置新机械设备时，新设备到达工地验收合格后五日内应向机电部报送新机到达通知单（一式五份），由项目设备部向上级机电部申请管理号码并建立台账。

1.1.4　设备的验收

设备到货后，先检查包装箱完整情况，如件数是否正确。如有问题，应及时与承运部门或生产厂家联系，进行索赔。对于进口设备，必须检查其进口手续和进口检验资料是否齐全。

设备到达现场后，必须及时开箱，根据合同要求，检查装箱单、附件明细表、说明书、合格证等，核对设备规格、型号、数量、出厂检验手续等。

开箱检验完以后，应尽快进行试运行和负荷试验，检查各操作系统、总成件、工作装置的质量，检验设备的技术性能和使用性能是否与说明书的规定相符。

对价格高、技术和结构复杂的大型设备的验收，应由机电部组织有关人员进行，并由生产厂家的服务人员进行交机、安装、调试和培训。

1.1.5 设备的安装调试

大型或进口设备的安装调试必须由生产厂家的服务人员会同项目专业技术人员组成的小组共同进行，调试方法和步骤必须严格遵循说明书等资料的要求。调试合格后，应写出竣工报告，存入履历簿。

1.2 设备基础管理

1.2.1 固定资产的组成

固定资产机械设备应具备两个基本条件：

（1）使用年限在一年以上；

（2）单机价值在 2000 元以上。

下列机具，不论其单价是否超过 2000 元，均作为低值易耗品管理：手持式凿岩机，手提式电动、风动、内燃工具及其他工具，振捣器，蛙式打夯机，充电机，启动器，卷扬机，千斤顶，水磨石机，抽水机，台式钻床，砂轮机，交流电焊机，打气泵，气焊设备，以及为单项工程定制或订购的一次性设备。

固定资产组成价值包括购置价款、运杂费、安装费、技术改造费、购置附加费、关税，以及配套装置等直接用于购置和建造的费用。

凡新机到达后，作业队应立即组织机械、财务等部门的人员对机械设备进行检查验收，同时填写"新机到达通知单"，报送项目部。

机械设备在技术改造（或两机并一机）后，可申请固定资产增值（或并值），项目部提出申请报公司机电设备管理部，由公司机电设备管理部报局机电设备管理部审批。局及公司审批同意后，撤销机械设备的原管理号码，重新下达管理号码。

1.2.2 机械管理号码的编制

机械设备组成固定资产后均应建立管理号码。管理号码由局统一编号。每台机械都要在明显部位喷涂或粘贴字体适宜的管理号码，以便识别和管理。机械报废后，该机管理号码即作废，不得继续使用，以免混淆。机械设备组成固定资产后，不得任意拆除。

1.2.3 机械设备调拨的规定

1.2.3.1 设备调拨分类

设备调拨指设备在各单位之间的调动，它伴随各单位财务账物的转移，分为有偿调拨和无偿调拨两种：由公司购置的设备在公司内部调拨的情况都按无偿调拨办理（主要指固定资产）；由使用单位自筹资金购置设备并向其他使用单位调拨设备的情况都按有偿调拨办理（主要指非固定资产）。

1.2.3.2 设备调拨权限

项目部根据生产需要，具体经办部门内部所有机械设备调拨业务。机械设备调拨均以机电部的机械调拨令为依据，无调令的设备调拨均视为无效，违者将追究主管领导的责任，并且机械设备的各种费用仍由原作业队承担。公司各单位与项目部之间存在设备调拨时，按机电部的文件执行。

非固定资产机械设备调拨由项目设备部统一协调办理。

机械调拨在项目部各作业队之间的调剂，必须报机电部批准。但对大型机械设备的调动必须经公司及项目部、机电部同意并请示公司分管领导，得到批准后执行。

1.2.3.3 有关调拨规定

项目设备部必须执行上级的调拨命令，办理设备调拨一律凭"机械设备调拨通知单"。

各单位严格按照"机械设备调拨通知单"规定的设备名称、型号、规格、管理号码及有效期办理。交接中如发现填写有错误，应向原签发单位报告，不得自行更改。设备进场由设备经营单位验收并填报验收记录。

调入、调出作业队应按照"机械设备调拨通知单"进行交接（包括各种文件资料、随机工具），由调出作业队填写"固定资产接收、移交记录"，一式五份，经双方作业队负责人和机电部及财务管理部门主管签认、单位盖章后，由调出作业队按规定报项目设备部和财务部，调出、调入单位凭此作为转账、销账、列账依据。

调拨大型专用设备时，保管司机应随机调转，以利于设备的管理。

1.2.4 机械设备档案的建立

机械台账是掌握机械情况的主要资料，各作业队机械技术人员要建立机械台账，并指定专人管理，随时清查，做到账物相符。

机械履历簿是机械的历史档案，凡属固定资产的机械设备必须建立机械履历簿。履历簿中要详细记录机械简历、变动、事故、运转、修理、保养、材料消耗、技术改造、油水测试、状态检测等资料。履历簿由机械技术部门保管，并由专人负责填写。新机应及时建立履历簿，由使用作业队机械技术人员逐月填写。

随机技术资料，如机械说明书、合格证、图纸、配件目录等，应由机械管理部门妥善保管，所有进口机械技术资料都必须交一份至项目设备部留底。

作业循环报表及机械运转报表是机械使用情况的原始凭证，应由操作司机认真填写运转小时、电力（油料）消耗、完成工作量等，并由作业队技术人员按规定日期上报项目设备部汇总。

为便于掌握机械运转情况，项目设备部应做好每月的设备管理分析资料。

1.2.5 报表统计

机械统计工作是反映企业技术装备程度和机械设备综合管理情况的重要手段，也是全面掌握机械设备数量、分布、技术状态等基本信息必不可少的工作，是制订有关设备管理、技术、经济政策和指针的依据，因此，各作业队要正确填写各种报表并及时上报项目设备部。

以下各项统计报表都应在次月 1 日前上报：

（1）机械设备保养完成与修理计划表；

（2）机械总台账和机械履历簿；

（3）工程机械月报表；

（4）大型设备在用情况表、机械管理五台账、设备分布表、闲置可调设备表；

（5）单机消耗分析表；

(6) 保养计划与完成情况表；

(7) 设备管理和技术管理月度分析；

(8) 机械事故统计表、大型设备重要部位和异常消耗分析表；

无论设备使用与否，以上报表必须按规定时间上报。

作业循环报表次周周一上报。

1.2.6　机械保管的规定

为妥善保管机械及随机备件、工具等，防止锈蚀、丢失和损坏，无论是使用的、存放的，还是在转移途中的，均应按以下规定执行。

机械及随机备件、工具等应集中存放，便于保管、使用，避免拆散、丢失或错装。

停放保管机械的地点应保证安全、干燥、通风、易排水和防火。

机械保管库（棚）要建立值班制度和保管责任制，指定专人保管与养护。保管负责人应建立机械保管台账，详细登记机械管理号、规格型号、数量、技术状况、配套情况以及进出库记录等，做到账物相符，防止被盗、丢失。

机械入库保管时，必须保持机械技术状况完好，并由技术人员、保管司机和管库人员对机况、规格型号、数量以及随机备件和工具等进行交接，核查无误后方可入库。然后设置保管牌，注明管理号码、入库时间、保管人员姓名等。

机械保管应停放在机械保管库（棚）内，以免受雨水、尘土及腐蚀气体的侵蚀。如在途中或短期停放，无机械保管库（棚）时，应用篷布遮盖，不得长期露天停放。

保管机械应稳妥垫放或架起，防止水、泥的腐蚀，并经常排除积水。有轮胎的机械应支离地面，以免轮胎受压。

进口设备长期不用时，应及时在加工表面擦涂护料，以防腐蚀加工表面。

机械送交保管前及保管期间，应认真进行"清洁、紧固、调整、润滑、防腐"十字作业保养，放净存水，外露的加工面应涂油，精密的加工面还应进行包缠保护。

应将通到机体内部的各管口用盖板或木塞封闭堵实，以防止水及杂物掉入机内。

所有机体上的悬挂物，应一律放下，稳妥垫好，防止下落发生危险。应将受载件负荷减至最小限度，容器或气缸内的气体应放尽。

精密零件、电气仪表、怕受潮的机械等应在室内保管并垫起，罩盖保护，防止受潮和积聚尘土。

内燃机械应按操作规程每隔一个月发动运转一次。因条件所限不能发动时，也应移动、转动，使其内部润滑，防止生锈。

蓄电池必须从机械上拆下，在温度适宜的室内保管。存放三个月以上时，应将电瓶液放出并清洗，进行放电状态的干式保管或每月按规定进行充电的湿式保管。不论保管时间长短，都应将连接板仔细擦拭干净，螺帽涂油保护。

机械在转移运输中的保管，除参考本规定的有关内容办理外，还要建立装运单及交运点验制度，必要时派押运人员，避免在运输途中机械受损或零件丢失。

本规定系机械保管的一般要求，如说明书另有规定时，应按说明书的规定办理。

1.2.7 机械的报废、报损

凡符合下列条件之一的设备，应当报废：

（1）主要结构和部件损坏严重无法修复的或修复费用与当前新购设备的价格比较已确无修复价值的；

（2）因设备陈旧、技术性能低，无利用改造价值的；

（3）事故及意外灾害造成严重破坏，无法修复的；

（4）因改建、扩建工程需要，必须拆除且无利用价值的；

（5）因能耗过大，无法改造，继续使用得不偿失的；

（6）因环境污染超过标准，无法改造的；

（7）国家明令淘汰的。

设备申请报废前，项目部组成鉴定小组，对其进行仔细、准确、全面的鉴定，填写"固定资产报废报损拆除申请单"，上报机电部和公司领导审批。对于同意报废处理的设备，对其进行多方询价，填写报废设备报废处置方案报告，上报机电部和公司领导审批，按照竞标原则处理，填报"设备处置记录"，报废设备处理的费用上交公司财务部。已批准报废的设备不得继续使用。项目部对闲置或已形成不良资产的报废设备要采用市场的手段，有组织、有计划地按照有关规定进行处置。

1.3 设备使用与保养

1.3.1 机械使用原则

为了提高机械设备综合效益和寿命周期费用的经济性，机械的使用一律为有偿使用，同时必须坚持下列原则：

（1）必须按规定性能使用，严禁不合理使用机械；

（2）使用时要保证人身及机械安全，不准超负荷使用；

（3）机械使用的燃料、润滑油、液压油，必须符合规定，机械保管单位必须保证油质纯净，机械用水必须保证干净无杂质，电压等级必须符合铭牌规定；

（4）机械操作人员必须听从施工人员的指挥，正确操作，保证作业质量，与施工密切配合，确保完成任务；

（5）充分利用现有的机械设备，通过提高设备完好率和利用率提升经济效益。

1.3.2 使用的基本制度

1.3.2.1 持证上岗制度

机械操作人员必须经过培训，经考试合格后，发给机械操作证（特殊工种的操作证按地方劳动部门要求办理）。

无操作证者严禁操作机械，有操作证者经安排后方可上岗操作机械。

要定期进行考核，考核工作由机械部门配合人事部门和安监部门共同进行，经考核不合格者，应吊销操作证，调离本岗位。

机械操作人员必须持证上岗、坚守岗位，确保机械正常运转。

1.3.2.2 定人定岗制度

使用机械必须实行"两定三包"制度（定人、定机，包使用、包保管、包保养），操作人员要相对稳定，不宜经常调换。

凡使用机械均应由专人负责保管，多人操作的大型机械应实行司机长负责制，小型机械可设专人兼管数台。

机械操作人员必须坚守岗位，确保机械正常运行。

机械操作人员要做到"三懂四会"（懂构造、懂原理、懂性能，会使用、会保养、会检查、会排除故障）。要正确地使用机械，按规定进行保养，严格执行安全技术操作规程。

1.3.3 交接班制度

交接班制度是保证机械正常运转的基本制度，必须严格执行。交接班制度由值班司机执行，多人操作的单机或机组除执行岗位交接外，值班负责人或机长应进行全面交接并做好记录。

机械交接时，要全面检查，做到不漏项目，交代清楚，严格做好以下工作：

（1）完成任务和生产情况（工作小时或任务量）；

（2）记录情况（含油耗或电耗、维修、保养）；

（3）备品、附件、工具情况；

（4）设备技术状况；

（5）为下一班做的生产准备及卫生清洁等情况；

（6）上级指示及注意事项；

一般作业的机械虽不进行交接，亦应做好机械的清洁保护和准备工作，填写运转记录。

1.3.4 巡回检查制度

为加强机械设备的维护保养，消除隐患，保持机械良好的技术状态，必须坚持巡回检查制度。操作人员应按规定检查线路，对机械各个部位进行一次详细、全面的巡回检查。对于正在工作的机械，应利用其休息间隙进行巡回检查。检查中发现的问题，应立即采取措施加以解决，并记入运转记录。

1.3.5 使用纪律

1.3.5.1 严禁拆卸机械零部件

机械设备乱拆乱卸的危害性极大，为了严肃纪律，任何人无权批准拆卸机械上的零部件。凡是发生乱拆卸零部件的情况，一定要追究有关领导或拆卸人员的责任。若因施工急需，拆卸零部件后应立即采购安装，以保持机械的完整状态。

1.3.5.2 "十不准、八要求"

要确保机械安全正常运转，防止机械事故的发生，有力配合施工生产，在使用中均要执行"十不准、八要求"的使用纪律。具体内容如下。

十不准：

（1）不准无证人员操作机械；

（2）不准使用有碍安全运转的机械；

（3）不准以任何理由或借口不做规定的保养和检查；

（4）不准超过机械的负荷强度；

（5）不准使用不符合规定的油料和冷却水；

（6）不准随意将机械无偿借给外单位使用；

（7）不准安装使用不合格的零部件；

（8）不准未经检验的机械出厂；

（9）不准随意使用在修在保的机械；

（10）不准随意改动机械的原结构。

八要求：

（1）机械使用前要经技术鉴定合格；

（2）操作机械的人员要有机械操作证；

（3）机械使用的各种油、水要洁净，符合技术要求；

（4）机械使用要有操作规程及安全措施；

（5）机械随机工具、备品要妥善保管，做到齐全和整洁；

（6）交接班及运转记录要认真准确填写；

（7）机械出现故障要迅速排除；

（8）新机使用前（或新人使用时），领导和技术人员要交代安全操作规程、保养及注意事项。

1.3.6　机械的保养

1.3.6.1　保养工作的种类

例行保养：指机械在每班作业前、后及运转中的检查、保养。例行保养由操作人员按规定的检查路线，认真对机械进行"清洁、紧固、调整、润滑、防腐"十字作业，消除故障隐患。

定期保养：按规定的运转间隔期进行保养。一般机械实行一级保养与二级保养。一级保养由操作者和专业修理人员共同进行。二级保养以专业修理人员为主，操作人员辅助进行。机械说明书有特殊要求的，按说明书要求保养。

（1）一级保养：一级保养也称为日常保养，以机身清洁、各种油料检查添加、各种油管及螺栓紧固、空滤清洁、各种漏油及异响的发现和解决等保养内容为主。

（2）二级保养：由机械技术部门根据机械操作维修说明书制订保养计划，专业修理人员按规定时间对机身各部位进行保养。

（3）停放保养：指当机械临时停放超过一周时，每周进行一次的检查保养。停放保养主要是发动机械和进行"清洁、润滑、防腐"等工作。停放保养一般由保管司机负责。

（4）库存保养：指机械在入库存放期内保养，一般每月进行 1~2 次，具体内容同停放保养。库存保养一般由保管人员负责。

（5）走合期保养：指机械在走合期内及走合完毕后进行的保养。

（6）换季保养：指入夏、入冬前进行的保养，主要是更换油料，采取防寒、降温措施。此项保养可结合定期保养进行。

（7）工地转移前保养：一工程完工后，虽未达到规定的定期保养时间，但为使机械到新工点后能迅速投入生产，应进行一次全面的检查、维修和保养。具体按机况保养，可适当增加外表重新喷漆、易锈部位铲除锈斑并涂防锈漆等内容。

1.3.6.2 保养计划

项目部各作业队都必须根据工程任务、机械使用情况和机械保养规定，每月编制保养计划（二级或二级以上保养和定期保养），作业队的工作计划与月施工计划同时下达，严格组织实施，并作为作业队经济指标考核内容。项目设备部应在成本分析会中检查机械保养计划的执行情况。

机械运转到保养周期时，机械管理人员要按保养计划把保养任务下达给操作人员或专职保修人员。当生产任务与维修保养发生矛盾时，应强制进行保养。

保养计划完成后，要认真填写保养台账，做到齐全、整洁、准确，并上报项目设备管理部。

各种作业机械每班必须进行例行保养，保养时间已计入台班作业法定间歇时间，不再另行编制计划。

1.3.6.3 保修力量的配备

作业队要配备足够的维修力量，并成立专门的保修机构，如保修班等。各级保养由保管作业队自主进行。

1.3.6.4 保养质量管理

1. 机械送修制度

（1）凡进行二级保养的机械，应提出报保单，注明进行保养的等级以及保养中应当特别注意的部分。

（2）送保的机械应有前一次保养的记录或竣工检验单。

（3）送保的机械要保证原机完整、清洁并交清机况。

2. 质量检验

（1）各级保养均应按照保养规程和送保注意事项进行，确保质量，还应特别注意作业中的清洁工作，防止机件、油料污染。

（2）二级保养由修理班长、技术人员参加验收，并做好保养竣工验收记录，在履历簿上记载，呈报项目设备部。

（3）作业队必须建立进保前检查、作业过程中检验和竣工验收的"三检"制度。作业过程中检验应实行保修人员自检、互检、班组长或专业（兼职）检验人员复检的三级检验制度，并逐步创造条件实施检测设备的检验。

（4）二级保养竣工后，若在使用中发现问题，应及时处理，以免影响施工任务（若发生事故，则应按事故处理程序办理）。

1.3.6.5 故障诊断和状态监测

运转状态监视由本机操作人员执行。随时注意机械的温度、振动、噪声、气味、颜色、工作压力等的变化，随时观察仪表数值和警报指示的变化。发现不正常现象应立即停机检查，予以排除，并记录在交接班簿上，报告班长和机械技术人员。

状态监测：由操作人员和专业技术人员（或保修人员）共同执行，以专业人员技术（或保修人员）为主。依据操作人员在运转状态监视中发现的不正常现象，逐项进行检查或利用仪表等进行测试，做出正确的判断（继续使用或修理后使用）。

故障诊断：对于通过清洗、调整、紧固等方法不能排除的故障隐患或通过状态监测确认必须修理后才能使用的机械，以不拆卸或局部解体的手段，经仪器测定，找出故障的原因以及准确部位。一般由机械技术人员执行，操作人员和保修人员参与。

故障处理：对于诊断出的故障，一般应结合种类保养进行修理，使修

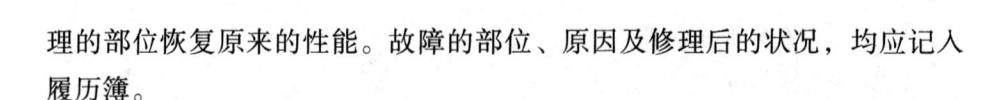

理的部位恢复原来的性能。故障的部位、原因及修理后的状况，均应记入履历簿。

1.3.7 机械走合期的规定

新机或大修后出厂的机械，在走合期内使用时，原制造厂或大修厂有规定的，按其规定执行；如无规定，可参照以下规定执行：

（1）机械在使用前，应进行详细的检查、清洁，并进行试运行；

（2）机械走合期限一般为主机工作 50 h；

（3）按季节及说明书规定加油及更换润滑油、液压油；

（4）应经常检查机械各部分运转情况，发现不正常情况应查明原因，及时排除；

（5）经常注意各连接部分的松紧及磨损情况，随时紧固调整；

（6）走合期内一律不准拆除限速器，负荷应减少 20%～30%，汽车行驶速度一般不超过最高时速的 50%；

（7）走合期完成后应进行一次全面的拆洗保养，清洗各部油道、水套、滤清器、油底壳、水箱等部件，更换润滑油，并向各固定润滑部位加注润滑油（脂）；

（8）走合期使用情况应记入履历簿。

1.3.8 机械经租

项目部需经租机械时，必须提前 15 天报配置计划给机电部，由机电部同项目部协商，经公司领导批准，确定调配的机型和数量，缺额部分由项目部委托作业队就近租赁。

公司内机械经租按设备经租管理办法执行。

需外租设备时，必须提前将拟租赁设备的种类、机型、数量、价格和使用期限计划报项目机电部，经审核并报主管领导同意后，方可签订租赁合同。同时应将外租设备租赁合同转项目设备部备案，作为对作业队考核的依据之一。

1.4 设备修理

1.4.1 机械修理的分类

大修：指全面恢复设备性能的修理。设备运转到大修间隔期后，设备的零部件在正常的磨损下，多数已达到损坏或疲劳极限，性能下降，消耗增多，必须全面地进行修理。大修时应修复或更换所有损坏的零件，经过检测调试合格，能基本上恢复设备原来的动力性、经济性、安全性和可靠性。设备大修的内容及要求可参照机械使用说明书及有关规定。

项修：指新机型（引进设备）以状态检测为基础，采用先进的检测仪器对设备进行全面检测，判断设备各部分技术状况，预测可能发生故障的零部件，确定其修理部位，按需要进行项目修理，恢复其机械性能，以缩短停机修理时间，减少修理费用，增加机械经济效益为目的的一种修理方式。对于新机型（引进设备），项修是代替大修最适宜的方法。

零修：指一般零星的修理。通常无预定计划，依据机况监测的结果及临时发生的故障，确定某一部分进行更换或修理，也可结合定期保养进行。

1.4.2 修理计划的制订

项目设备大（项）修计划依据设备的使用台班和工作时长拟定。根据机械保管单位上报的大（项）修计划，由机电部审核后下达年度大（项）修计划，并交保管单位实施。

大（项）修计划分为上半年计划、下半年计划和年度调整计划。

年度大（项）修计划是预计性计划，项目每年编制一次。项目部所属各单位必须于年末前 30 天向项目设备部报送次年度设备大（项）修建议计划。

各单位应根据公司下达的年度大（项）修计划，组织落实大（项）修实施计划。

每年 6 月 15 日前各单位根据设备使用情况、任务变动情况、设备的实际状况等因素，编制设备大（项）修下半年及调整计划报机电部，并由机电部统一下达公司下半年及年度调整计划，此计划必须在本年度完成。

编制设备大（项）修计划时，必须将设备的名称、管理号码、规格型号、运转时长（或走行距离）、上次大（项）修时间等填写清楚，并按规定时间报项目设备部，项目设备部按规定时间报机电部。对于事故造成破损还未修复的设备，不得安排大（项）修计划。

设备修理完成情况报表是执行计划的现实反映，项目部所属各单位应于每半年年末后五日报项目设备部，项目设备部每半年报机电部。

1.4.3 设备大（项）修的修理工作安排及相关制度

项目部实施大（项）修的设备必须经机电部检测、监督和鉴定验收。

各作业队上报大（项）修计划后，由项目设备部汇总后报机电部审批。机电部及时派出相关人员对拟修设备进行检测鉴定，经确定的设备作为公司下达大（项）修计划的依据。

各作业队要及时整修退场的机械设备，同时将整修情况记录在机械履历书中，并填写整修记录（后附整修记录表和更换配件清单），一式三份，给整修单位一份，设备管理部两份（其中一份交设备调入作业队）。

当整修后的机械设备调入新作业队后不能正常使用时（运输途中损坏除外），调入作业队提出书面报告，由项目设备部根据退场机械设备整修档案中的记录现场检测裁定，属整修问题由设备调入作业队重新整修，其费用由项目设备部签字后直接列转设备调出作业队。

设备的大（项）修实行经济核算，建立设备修理成本分析制度，从经济上确定机械设备的大（项）修界限。

1.4.4 设备大（项）修的修理质量

1.4.4.1 质量检查

公司检测室代表公司负责设备质量的检验工作。大（项）修的设备需经检测工程师签字后方可报验计价。

为确保修理质量，项目部应建立设备进场检查、工序检验、出场检验制度。工序检验工作应实行专职人员和群众性自检、互检相结合，以自检为主。

项目设备的大（项）修由设备使用作业队自行组织实施（特殊情况除外），需要在外维修的，应书面报告项目设备部。

1.4.4.2 修理质量的具体规定

凡修复完毕的机械设备，在遵守走合期规定的正常使用情况下，应保证符合下列规定。

（1）发动机运转正常，无敲缸及其他不正常杂音，机油压力、油温、水温均符合规定，排气烟色正常，仪表指示正常，油耗、动力正常。

（2）不发生拉缸、烧瓦，各部无"四漏"（漏油、漏水、漏电、漏气）现象。

（3）离合器结合平稳，分离可靠，不发抖，不打滑，无异响，不发热。

（4）变速器不跳挡，不发热，无敲击、杂音等不正常声响，换挡轻便灵活。

（5）制动器不过热，制动可靠，性能符合标准。

（6）各部传动轴承、齿轮、销、皮带轮等零部件无变形，无异响，无偏磨，各部紧固结合符合规定。

（7）走行机构和工作机构平稳，无异常，无剧烈振动、摇摆或走偏、偏磨现象。

（8）操作机构、安全装置及监测仪表灵活可靠。

（9）液压系统、油泵压力、温升正常，液压缸及马达工作可靠灵活，在负载下不漏油，无异响。

（10）液力变矩器（耦合器）接合平稳，油温正常，不偏高或偏低，分离彻底，动力传递可靠。

（11）液压操纵阀操作轻松、可靠，无抖动及冲击现象。

（12）机体外表、驾驶室、座位等整洁、美观、适用，各部灯具齐全，油漆无起泡、油流或脱皮、漏漆现象。

其他未尽事宜在实际工作中不断完善。

1.4.5 大（项）修的修理记录

设备大（项）修竣工后，技术人员应将修理情况、主要部件更换清单及修理主要尺寸、规格等详细资料载入设备履历簿，并建立修理台账，作为以后各次保养、维修的依据。

项目部各作业队实施大修工作后，应按机电部的要求做好大（项）修竣工验收资料，及时验工计价。

1.4.6 设备的零修制度

设备操作人员在操作设备的过程中发现设备存在漏油、漏气、漏水、有异响等临时性故障，应立即停机检查，迅速向技术部门报告有关情况。

设备发生临时性故障后，技术人员应迅速进行检测并提出维修方案，交由修理车间进行紧急修复处理，最大限度地缩短由停机造成的工地停工时间。

修理班长应参与零修工作的检测和维修，并安排修理人员进行抢修，定人定岗，且对修理质量和修理时效负责。

技术人员和修理班长在零修处理后应对修复后的设备进行检查、验收，并由设备操作人员进行试机。如符合操作要求，设备才能正常使用。否则，应继续维修，使设备技术状况达到要求。

技术部门应对零修内容、更换配件、零修后试机等工作做好记录，做好修理台账。

1.5 机械设备用油、用水管理

机械设备作为项目部的核心资产，设备油、水的正确选型、使用，对设备的使用寿命有直接影响。为了规范项目部的设备油、水管理，最大限度地发挥设备的技术性能和经济效益，延长设备的使用寿命，规定了以下相关的管理要求。

1.5.1 润滑油管理

设备润滑油应采取定人、定点、定时、定质、定量的"五定"管理。

作业队机械技术人员要严格按照设备使用说明书的要求，对设备进行定期保养，每月制订保养计划，向材料部门提交油品申请计划。计划中应对油品的规格、品牌、质量有明确要求。大型设备必须选择厂家销售或推荐使用的专用润滑油。

作业队材料人员根据申请计划，制订采购计划，油品采购应在合格供方处进行。油品进场后及时对真伪进行抽检验证，验证方法以油品生产厂家公布的方式进行。合格后方可入库。

油品存放处应符合防水、防火、防尘要求。应根据油品的不同种类、型号分区存放。

在油品发放过程中，应建立单机发放台账。散装大桶润滑油使用抽油器具时，应确认器具干净、无污染。不同类别的润滑油严禁共用器具。

维修保养人员在施工现场临时加注润滑油时，应避免在对油品有污染危险的环境下进行。油品的加注数量应严格按照说明书要求。设备按期保养前，机械技术人员应明确告知维修保养人员本次保养的类别、润滑油规格、加注数量，并全程参与保养过程。保养地点应选择干净、无污染的车间，严禁在露天下雨的情况下更换或添加润滑油。保养完成后，操作手、保养人、技术人员应在保养表上签字确认。

在更换新的液压软管时，必须用高压空气对软管内部进行冲洗。在使用燃油对零部件进行清洗时，严禁维修人员戴手套操作。备存的液压油管冲洗干净后，在接头两端旋上丝堵，防止异物进入。

每次更换后的废油用专用容器收集至指定地点存放，严禁随地排放。

每月不定期由作业队机械技术人员组织，各设备操作手、维保人员、材料人员参与，学习设备用油方面的知识。

1.5.2 燃油管理

燃油加注应选择在有保障措施的油库进行，加注时先凭肉眼对燃油质量进行简单的鉴别。合格的燃油应干净、明亮。禁止加注浑浊、有污染的燃油。

不具备在油库加油的条件，使用简易油桶加油时，应定期对油桶进行清洗，加油器具必须内外整洁。油桶送达加油场地时，在不少于2h的静止沉淀后方可加注。加油器具应避免伸至油桶底部。

按季节选用合适标号的燃油。

建立单机消耗台账，对每月燃油消耗数量进行分析。

1.5.3 用水管理

严格按照说明书要求进行设备用水管理。

设备用水应采用厂家建议的防冻液。大型设备严禁加注普通水。正确使用防冻液对设备水循环系统的防锈、防冻、防高温有重要作用。

按照环境温度正确选用合格标号的防冻液，并定期进行更换。

定期对设备水箱进行外部清洗，内部清洗采用添加清洗剂的方式进行。必要时应拆下设备水箱送至专业机构进行清洗。

1.5.4 处罚措施

各设备操作、维保人员以及油、水管理相关人员应严格按照以上要求做好设备油、水管理工作。由人为责任造成油、水和设备损失的，对责任人处以损失金额20%的罚款，情节严重的按公司规定处理。

严禁私自倒卖设备油料，一经发现按公司规定严肃处理，情节严重的移交当地公安机关处理。

1.6 设备安全管理

1.6.1 机械安全管理

项目部各作业队要切实加强对机械设备安全工作的领导，经常对职工进行安全生产思想教育和安全知识教育，要把安全生产列入目标管理日程，严禁违章指挥、违章操作、违反劳动纪律和无知蛮干等不安全行为。作业队领导要经常组织有关人员深入现场，督促并检查机械设备安全工作的情况，发现问题应及时纠正，消除隐患，使机械设备安全、优质、高效、低耗的运行。对长期坚持安全生产、采取措施消除隐患、避免事故发生的人员要予以表彰与奖励。

作业队要督促机械设备操作人员认真学习安全技术操作规程。凡违反安全技术操作规程的人员，设备管理人员应及时制止，待改进后方可继续操作。新机型到达后没有安全技术操作规程的，技术人员根据说明书的要求，制订出安全操作规程及注意事项后，方可投入使用。

1.6.2 操作及维修人员的安全要求

操作人员及保修人员必须熟知机械原理与构造及有关安全生产知识。操作人员必须经考核并取得操作合格证后方能单独操作。

操作人员及保修人员必须思想集中，严守岗位，遵守劳动纪律，在机械未停止运转时，不准接触转动件并对其进行修理。在机械运转前必须检查各部状态，确认良好，做好启动前的各项准备，并能随时停机处理，方能启动使用。启动后要认真监视运转情况，发现异常情况（如剧烈振动、漏油、有异响、有异臭、温度压力突变等）要立即停机检查，并向上级报告，待处理完毕后，方可继续使用。机械停止运转后，应放松或复原带负荷的工作部件。露天长期停放的机械设备及室内精密设备要用篷布、机罩盖好。

1.6.3 安全措施

易发生危险的场所，如变电站、发电站、配电室、锅炉房、空压机站等，应在危险区域界限外，设置围栏警告标志。大型机械到施工场所，应设立警告标志，建立场所安全制度。

油库等易发生火灾的场所，应设立防火标志，采取严格有效的防火措施，并严禁吸烟。

暴露于机体外部的运动机构部件或高压带电等有可能伤人的部分，应采取装设防护罩等安全措施。

所有电器设备都应按电力设备接地设计相关技术规范，做好接地或接零，或加装漏电保护设施。

机械设备凡设有安全保护装置（如安全阀、力矩限制器、熔断器、限位器、警报器等）及安全指示装置（如压力表、电流表、水温表等）的，都必须定期按有关规定进行检查和调整，如发现有动作不准等异常情况，严禁继续使用，立刻停机修理。

精密机械设备应装防尘、防潮、防振、保温等防护设施。

机械集中停放场所要有防火设施（如灭火器等消防工具）及防盗措施，并要有专人看守。

注意防寒防冻工作，严格换季保养。进入寒冬季节前应备好防冻防滑设备。机械设备采取防冻措施后要悬挂标志（如无水牌）。冰冻季节露天存放时如未采用防冻液，应注意停机放水工作。

注意做好机械的防雨、防洪及防风工作，要采取措施防止机械设备及其电路由洪水、石方爆破等造成损失。

电站、发电机房及处于雷击区的工厂，都要采取防雷击保护措施。防雷保护设施应符合《交流电气装置的过电压保护和绝缘配合》（DL/T 620—1997）的要求，并定期检查防雷设施。

1.6.4 电力设备安全管理

电力设备必须由专职电工或在专职电工的指导下进行维修，修理前必须切断电源。

电源电压必须与电力设备额定电压相同（三相电压变动应在±5%范围内）。供电变压器的容量必须满足机械设备的要求，并应按规定配备电动机的启动装置。所用保险丝必须符合规定，严禁用其他金属丝代替。

电动机驱动的机械设备在运行中移动时，应由戴绝缘手套和穿绝缘鞋的人员挪动电缆，并防止电缆擦损。如无专人负责电缆，应由操作人员负责照看，以免损坏而导致触电事故。

电力装置跳闸时，应查明原因，排除故障后再合闸，不得强行合闸。

电力设备启动后应检视各电气仪表，待电流表指针稳定且正常后，才允许正式工作。

检查电力设备的绝缘电阻是否符合规定，不应低于每伏1000 Ω（如对地220 V绝缘电阻应不小于0.22 MΩ）。

漏电失火时，应先切断电源，用四氯化碳或干粉灭火器灭火，禁止用水或其他液体灭火器泼浇。

发生人身触电时，应先切断电源，然后用人工呼吸法进行紧急救治。在未切断电源之前，禁止与触电者接触，以免再发生触电。

电力设备应接地良好，不得借用避雷器地线作为接地线。

电力设备的所有连接桩头应紧固，必须经常检查，如发现松动，应先切断电源，再行处理。

各种机械设备的电气设备必须装有接地和接零保护装置。接地电阻应符合标准，但在一个供电系统上不得同时接地又接零。

各种机械设备的电闸箱内必须保持清洁，不准存放任何物品，并应配备安全锁。未经本机操作人员和有关人员允许，其他人员不准随意开箱并闭合线路总闸或分段线路闸，以防造成事故。

用水清洁电动施工机械时，不得将水冲到电气设备上，以免导线和电力设备受潮。

电力设备应存放于干燥处。在施工现场，各种电气设备应有妥善的防雨、防潮设施。

工作中如遇停电，应立即将电源开关断开，并挂上"禁止合闸"警示牌。

修理和保养机械时，不仅要切断电源、拔下保险丝，还应在电闸上加锁，同时挂上"修理机械禁止合闸"警示牌。合闸时，必须与检修人员联系妥当后，再行合闸。

电器工作完毕后，应及时切断电源，并锁好箱门。

1.6.5　机械安装及运输中的安全事项

机械应安装在安全地点，不得在危岩、坍方、边坡或可能受洪水、飞石等侵袭的场所安装，以确保人身及机械安全。

机房布置要参照机械说明书或实际需要修建。机房要满足机械防风、防雨、防冻等要求，面积要适当，便于操作维修，并应有足够的照明和良好的通风条件，对临时使用的机械，也应有必要的停机防护设施。

机械设备应按说明书及有关规定进行安装。安装完毕后应进行安全检查及性能试验，并经试运转合格后方可投入使用。

机械运输时要保证捆绑牢固、重心稳妥、制动可靠，确保行车安全。

机械卸车时要稳妥轻放，禁止从车上往下丢甩，使用自卸汽车装运机械时不准用倾卸的方法卸车。

1.6.6 特种设备的安全管理

锅炉、储气罐、止回阀、电梯、起重机械、架桥机、高压送风管、氧焊设备、阀门、变压器、有功补偿器、安全保护装置等均作为特种设备进行管理。

由项目设备部和经营单位负责特种设备的使用、保养和维修工作，建立"特种设备管理台账"，按规定对设备进行定期检测，并报安全质量（以下简称安质）部门备案。

各使用单位应妥善保管好特种设备技术档案，包括设计图纸、产品质量合格证明、使用维修说明书、安装技术资料、制造单位等。

各使用单位应按规定对在用特种设备进行日常和定期维护保养，每月进行自检，同时做好记录，发现异常情况应及时处理。

各使用单位应对在用特种设备进行定期检测并取得证明。检测不合格的特种设备，不得继续使用。

对于存在严重事故隐患，无改造、维修价值，或者超过安全使用年限的特种设备，使用单位报机电部审核后办理报废，注销账目。

特种设备作业人员必须经培训持证上岗，具备必要的特种设备安全知识，严格执行特种设备的安全操作规程。

设备使用单位应制订特种设备事故应急措施和救援预案。发生事故时，事故单位应当迅速采取救援措施，并如实向主管部门汇报，按有关规定调查处理。

外租特种设备时，租赁合同中应明确出租单位已检验资质和持证上岗证明资料。

1.7 设备事故管理

1.7.1 总则

为认真贯彻公司的"机械设备管理实施细则",结合项目部实际情况,可特制定以下办法。

机械事故管理是机械设备管理工作中的重要组成部分,各作业队要切实加强领导,把防止发生机械事故、保证安全生产列入各作业队的目标管理和承包合同。

1.7.2 机械事故划分

机械由于保管、操作、保养、修理不当或其他原因,发生非正常损坏(包括丢失),造成机械设备及附件的精度和技术性能降低,使用寿命缩短,不论对生产有无影响,均为机械事故。

(1)一般事故:设备损坏的直接损失价值或修复费用为5000(含)~50 000元;

(2)重大事故:设备损坏的直接损失价值或修复费用为50 000(含)~100 000元;

(3)特大事故:设备损坏的直接损失价值或修复费用为100 000元(含)以上。

电器设备、锅炉、压力容器、交通肇事等方面的事故,按有关部门的规定处理,但涉及机械设备的损坏仍按以上标准划分事故类别。

修复费用包括工费、材料费、配件费等,如需委外修复的,除修理费外,还包括往返运杂费。

机械事故造成设备无法修复而报废,机械损失价值应计为机械净值。

1.7.3 机械事故报告流程

机械事故发生后,操作人员应立即停止机械运转,保护事故现场,并向司机班长或班组长报告,班组长应及时向单位领导和机械主管人员报告。机械主管人员或单位领导应会同有关人员前往事故现场,详细调查事故的原因和损坏情况,初步判断事故的等级,必要时对事故现场及损坏机械部件进行拍摄,然后将书面调查记录、操作人员及现场目击者的书面材料和单位处理意见说明，随事故报告单逐级上报。

事故发生后，作业队主管领导应立即主持召开机械事故分析会。按照"四不放过"（事故原因分析不清不放过、事故责任者和广大员工未受到教育不放过，事故责任者未受到处罚不放过，没有防患改正措施不放过）原则，认真分析事故原因，核定损失价值，确定修复方案和防范改正措施，确定事故责任者。

一般事故发生后，由作业队组织分析处理，事故发生后 5 日内将处理结果及事故报告单报项目设备部，由项目设备部上报机电部。

重大事故发生后，由作业队当天报告机电部，事故由机电部组织调查后报公司机械事故管理领导小组进行处理。

特大事故发生后，当天报机电部，由机电部当日报告局相关部门。事故的调查、分析由局及公司机械事故管理领导小组组织进行。

1.7.4　机械事故处理

项目部成立机械事故处理领导小组，由项目部主管生产的副经理任组长，组员由机电、安质、物资、人事部门人员组成。

各作业队均应成立机械事故处理领导小组，由主管生产的副职、机械技术人员及安质人员等组成。该小组主要负责组织日常安全教育，经常检查机械设备的保养、修理、使用等是否符合安全操作规程，对违反安全操作规程的做法有权制止并向上级反映，参与一般事故和小事故分析鉴定，并做出处理决定。

凡事故发生后不立即报告上级主管部门者，视为隐瞒事故。对隐瞒事故和弄虚作假的单位领导、机械主管部门及操作人员，要加重行政和经济处罚。属于人为破坏的事故，视情节轻重追究法律责任。

由违反安全操作规程、不遵守劳动纪律、违章指挥所造成的机械事故，对责任者进行经济处罚。

对于发生机械事故的同时发生人身伤亡或有专业规定的机械设备事故，如行车、锅炉、压力容器及火灾事故，机械部门应配合安全监察、公安等部门共同处理。机械设备的损坏程度按机械事故类别划分，由机械部门按本规定处理。

1.8 各类机械设备安全操作

1.8.1 常见的操作

操作人员必须掌握设备的构造和性能，能熟练进行全车维护保养，经系统培训并考试合格后，方可单独进行操作。

不得酒后作业，必须遵守安全、劳动纪律。

学员必须在操作手指导下才能操作；在学员操作过程中，操作手不得离开工作岗位。

设备发动前必须检查柴油、机油、冷却液、液压油等是否存在不足现象；检查轮胎情况；检查行走照明是否正常；检查车身周围是否存在障碍物；检查大臂位置是否合适。

行驶前，需确认各条臂是否放至水平靠中位置，否则不允许行驶；行进过程中必须有地面指挥人员，行车速度不能过快；行走时要平稳，避免因紧急操作发生意外事故，特别是在上下坡时更应谨慎操作。

停车定位时检查拱顶是否安全，并且及时排险；保证车身位置与开挖面距离合适，三条臂能够正常工作，停机位置支腿可以正常横向伸出和竖向升起；确保驾驶室升起时，定位销固定。

1.8.2 设备作业前的检查及操作

检查水压、电压是否正常。进入凿岩作业前，应清除作业面上的浮石，清理残药，观察断面情况，保证断面安全。

将绝缘的电缆线准确地接在供电装置上。

检查钻杆、钻头、钎尾、连接套、液压油管等是否完好。

在凿岩作业和升降平台作业时，严禁移动机体。

若需移动臂时，必须先退回推进梁，使顶盘离开工作面，同时注意下方是否有人。人员应在臂移动时能触及的安全距离以外，注意两臂不要发生碰撞。

操作吊篮时，一定要用手势或信号提醒下方作业人员注意，随时查看下方的臂与吊篮位置是否正确。

严禁用台车"找顶"或清除危石，严禁悬臂开孔、打眼，严禁带电行走，打欠挖时严禁当破碎锤使用，观察残眼位置，严禁打残眼。

1.8.3 停车作业

不能将设备停在软地基处，以及侧壁和顶部有落石或岩崩危险的地方，避免在斜坡上停车。停车后，前后支腿支撑时，前支腿需横向伸出至最末端，然后缓慢均匀地支撑至轮胎刚脱离地面即可。

设备停车后，应将作业臂和升降平台摆成水平位置，各操作阀杆置于中位，关闭总电源。

1.8.4 其他注意事项

操作过程中必须做好对设备的保护，杜绝非易损件的损坏。

操作人员因故离开设备而停止作业时，应切断设备电源。经常检查电缆是否有破损。

设备运转中，发现液压油管、液压部件等漏油时，应立即关闭发动机或电动机。

必须按要求对设备进行保养维护，对于本班内不能解决的问题，必须与下一班进行交接。

1.9 设备教育与培训管理

1.9.1 技术培训

机械设备专业人员技术培训应当坚持为企业发展、为生产经营服务的方针，按照不同岗位、不同职务的实际需要，采取多层次、多渠道和多种形式，大力抓好必备专业知识和能力的培训，要增强教育、培训的针对性、适用性和效益性，不断提高机械设备专业技术人员的业务能力和管理水平。

机械设备专业人员技术培训应纳入企业的全员培训计划，统筹组织实施，各级机械设备主管部门协助有关部门筹办。

1.9.2 各类机械设备专业人员技术培训的内容和要求

对机械设备部门主要干部，要有计划地进行机械设备专业技术和管理知识的岗位培训；对具有大专以上学历、中级以上技术职称的机械设备专业干部和管理干部，要采取多种形式更新、补缺和拓宽所需知识，进行在职继续教育。

对在职机械设备操作人员和维修技工，主要按岗位规范的要求在实践中学习提高，本着"缺什么补什么"的原则，重点学习有关电气、液压、机械电子一体化的综合知识，进一步熟练实际操作技能。

对进口大型机械和国产新机型重要生产设备的操作人员，必须坚持先培训、后上岗的制度，通过专门操作培训，考核合格，确实掌握了机型结构特点、性能以及操作、维修保养的特殊要求后，方可上机操作。

对新上岗的机械操作人员，必须按岗前培训教学计划进行机械基础理论知识和实际操作、维修保养、排除故障等基本技能的培训，通过培训达到岗位规范要求后，方能上岗。

对新上岗的机械设备维修人员，必须按岗前培训教学计划的要求进行本工种相应等级基本理论知识和实际作业技能的培训，通过培训达到岗位规范要求后，方能上岗。

1.10 设备监察管理

1.10.1 总则

为了加强项目机械管理，切实保证机械设备完好的技术状态和安全生产，防止设备失修和短期化行为，特制定监察制度。

1.10.2 监察

对作业队机械设备的经济技术指标每年进行一次考核鉴定，并将考核鉴定结果作为年终承包指标考核的主要内容。

定期或不定期对作业队机械设备状况进行抽查鉴定。

作业队施工工程结束时，项目部应对作业队所使用的机械设备的技术状况进行检查评估，确定整修方案。

1.11 检查评比与奖励

1.11.1 检查评比的要求

对机械设备管、用、养、修、算全过程进行检查评比，开展群众性的"红旗设备"及"设备管理优秀单位"的竞赛评比活动，是调动并提高广大职工劳动积极性、荣誉感、责任心，改进机械管理工作，构建企业文化的一项重要措施，各级领导、机械管理部门要有计划、有领导、有组织地认真执行。

1.11.2 机械设备检查

1.11.2.1 机械技术状况分类

一类机械即完好机械。机械技术性能良好，燃料、润滑油、电力等消耗正常，无漏油、漏气、漏电、漏水现象，附件、仪表完整齐全，能随时投入正常运行。

二类机械即尚好机械。因部分机件磨损，达不到一类标准，但主要部分基本正常，尚能继续安全运行，无明显漏油、漏气、漏电、漏水现象，附件、仪表基本齐全。

三类机械即待修机械。机械动力性能明显下降，油耗、电耗明显增加或漏油、漏气、漏电、漏水等情况较严重或不能安全运转，必须停机修理的机械或修理完毕未经检验合格的机械或不配套的机械，属于三类机械。

四类机械即待报废的机械。凡机械损坏严重，无法修复使用，或无修复价值的但尚未批准报废的机械，属于四类机械。

1.11.2.2 机械设备检查程序

各作业队每周检查一次，组成检查小组，逐台检查机况，同时检查附件、备件、工具、资料、运转记录、履历簿、保养、操作、消耗、产量、安全、各项规章制度的落实等情况，并做好检查记录。

项目部每半年随机抽检一次。

对于每次检查，各作业队均应记录，并将检查结果上报机电部。

对于检查中发现的问题，应立即采取措施，限期改正。对一些保管、使用严重不良的机械设备，检查组有权立即查封，停止使用，并责令保管单位限期整改。待整改完毕，经重新检查认可后，方能继续使用。

1.12 凿岩台车管理

1.12.1 总则

为进一步加强凿岩台车的管理，保证台车安全、高效地工作，使台车的完好率和利用率达到较高的水平，充分提高其经济效益，依据"中铁五局集团机械设备管理办法"和"中铁五局集团一公司机械设备管理实施细则"，结合现场管理的实际情况，总结台车管理的相关要求。

1.12.2 管理范围、对象、内容及方式

1.12.2.1 台车管理

台车管理包括管理范围、管理对象、管理内容和管理方式。

（1）管理范围：所有台车。

（2）管理对象：包括台车的保有单位、租用单位和其他相关单位，以及台车管理、操作人员。

（3）管理内容：主要包括台车的使用、保养、维修、保管、运输等5个方面。台车的组织管理、技术管理、经济管理、安全管理贯穿于这5个方面的工作之中。

（4）管理方式：采取"专业管理、专业使用、系统监督"的管理方式。

台车的管理和使用单位要增强管理意识，强化基础管理工作，建立健全和完善各项管理制度，做到定岗定人、定机定人，实现管理规范化、队伍专业化。建立健全设备的各种技术档案。

1.12.2.2 安全管理

严格执行操作保养规程和各项管理制度，切实保障安全生产。

台车管理人员、施工作业人员、维修保养人员应认真学习和严格执行安全技术操作规程与维修保养规程，树立"安全第一"的思想。

台车操作手、维修保养人员必须经过相应的技术培训，经考核合格后持证上岗，严禁随意更换相关人员。

定期召开全员安全会议，总结安全作业情况，提出对有关人员的奖惩建议。

1.12.2.3 成本管理

要建立完善的成本管理制度，以保证成本的真实性，认真搞好成本记录、成本核算、成本分析，并在实践中不断总结降低成本、提高效率的方法。

台车专业管理单位要建立和完善台车基本管理制度，确保台车高效使用，不断降低施工成本。

1.12.2.4 施工管理

台车操作专业化。台车操作手要专而精，在保证成孔质量的前提下规范作业。单位时间内完成的钻孔数量和材料消耗，就是人力和设备资源的综合效率。要努力钻研施钻技术，提高施钻技能，提高台车使用的综合效率。

推行"1+1"管理模式。"1+1"管理模式是指作业一个班，强制保养一

个班。针对施工现场及项目部专业化的特点，规范并强化设备"1+1"管理模式，将故障隐患消除在台车作业之前。

努力达到"两个指标"，即追求100%的台车作业循环完好率和100%的台车作业循环利用率。

保养工作实现规范化、报表化、标准化，并层层加强监督落实。

掌子面作业突出"一个中心，五个基本点"。隧道开挖成形的好坏取决于操作手钻眼成孔质量的好坏。针对钻爆设计，在隧道开挖轮廓线上，突出"一个中心"，即隧道中心大楔形掏槽或直眼掏槽，精心设计，合理组织，从钻眼的角度深度高标准施钻，确保掏槽成功。"五个基本点"，即一个拱顶点、两个起拱点、两个边脚点的施钻，确保隧道开挖轮廓环向曲线圆滑。

强化"一条平行线，两个基本点"。钻眼成孔质量的好坏取决于推进梁定位的精度。为此，在施钻周边孔时，应注意推进梁定位，要求操作手在不影响钻机运行的条件下，尽可能保持推进梁与隧道中心线平行；为控制超欠挖，要求操作手重点关注推进梁顶端和末端两个基本点。

重视配件管理和油水管理。配件和油水的选用原则如下：钻机配件、液压油必须采用原厂件；钻具、电器元件可采用国产件；机油、变速传动油、齿轮油建议选用进口油。

1.12.3 职责分工

台车管理和使用单位要按照台车的使用说明书、安全技术操作规程、维修保养规程等技术文件，培训操作人员，制定相关的管理制度，建立健全台车班长、维保班长、维保工、操作手等工种的岗位职责，并报设备主管部门备案。

1.12.4 台车的维修保养

保养工作必须按照规范强制执行，不得以任何借口和理由停止保养维护工作。

保养工作必须由专人负责，保养程序合理，保养方法正确，保养过程有人监督，严禁以修理代替保养工作。

维修工作由专业技术人员指导。若台车发生故障，应及时处理，并做好记录，确保设备处于良好状态。

严禁将不同用途的部件随意改用；严禁拆套；维修保养中需要更换的重要配件，应达到原机的要求，不得降低标准使用；严禁拆卸安全性、指示性的传感器、安全阀、仪表、溢流阀等，如有损坏或失准，应及时更换。

如需在台车上安装、拆除相关部件或系统以及对它们进行技术改造，必须经过技术论证，且经上一级管理部门研究批准后方可实施，任何人不得擅自决定。

台车的维修保养，实行"养修并重，预防为主"的原则，重视保养工作，有计划地做好班检、周检和月检工作，采用日常保养、定期保养和强制保养相结合的方式。

（1）班检制度，即每班进行的例行保养，是台车在每班作业前后及运转中的检查保养，中心内容是检查，主要检查重要部位和易损部位。台车的班检由维保班参照"台车维修保养台班报表"中规定的内容进行。

（2）周检制度，即每周进行一次全面的检查和保养。台车的周检由维保班参照"台车维修保养周报表"中规定的内容进行。

（3）月检制度，即每月进行一次全面的检查和保养。台车的月检由维保班参照"台车维修保养月报表"中规定的内容进行。

（4）强制保养制度。除了在台车工作间隙对其进行日检、周检和月检养外，还要按照厂家提供的维修保养规程的要求，对其进行强制性集中维修保养。使用单位在工程完工后，必须对台车进行全面整修，主要工作包括台车的清洁和状态恢复，确保退场后的台车达到二类机况。

台车大修按"中铁五局集团一公司机械大（项）修管理办法"的有关规定执行。

1.12.5 技术培训

台车操作人员、维修保养人员等要经培训后持证上岗。

建立必要、有效的培训制度，采取"走出去、请进来"的方式，对有关人员进行相应的培训，不断提高人员管理水平、技术水平、操作维修水平。台车技术培训包括以下内容：

（1）台车的结构原理、工作原理；

（2）台车的三大系统（液压系统、电气系统和水系统）的工作原理和基础知识；

（3）台车操作的注意事项、操作技术；

（4）钻爆法施工的基本原理；

（5）台车的维修保养知识；

（6）安全注意事项。

1.12.6 操作使用

班长负责制：选用立场坚定，坚决贯彻公司管理制度、维护公司利益，工作能力突出，开挖、支护、锚喷等工序作业能力强，能够起表率和模范带头作用的优秀员工担任台车班班长。台车班班长待遇的固定部分比照副队长，副班长待遇的固定部分参照主管施工员。

机长责任制：一台三臂凿岩台车是独立的施工管理单元，项目部选派一名技能水平高、责任心强的优秀员工担任机长，负责三臂凿岩台车人员管理、操作、保养、单机核算等工作。

机械人员配置原则：2台三臂凿岩台车、1台拱架安装台车、湿喷台车按需配置、相关设备操作手及学员按需配置。上述人员设备编为一个班，设班长1名，副班长3名。班长全面负责班内制度执行、人员管理、设备管理，以及所负责工点内施工生产管理工作。1名副班长专职负责设备维护、修理工作，另外2名副班长兼任机长，全面负责该台设备相关工作（详见机长责任制考核管理办法）。

台车操作人员、维修保养人员必须按照岗位职责和技术要求认真地进行台车的操作与维护，严禁不同岗位的人员随意交换岗位或私自操作岗位职责以外的设备。

台车走合期的规定：

（1）台车的走合期规定为50 h；

（2）走合期完成，应进行一次全面的设备检查和保养，按照规定更换滤芯、润滑油等。

1.12.7 考核

建立台车单机考核台账和台车单机全经济分析台账。

建立严格的考核制度，重点考核操作手对钻具（钻头、钻杆、钎尾、钢丝绳、定位胶套、导向器等）的管理。

第 2 章　人员管理指南

大型机械设备市场普及率低、整机及配件价格昂贵、技术复杂、自动化程度高，市场相关专业技能人才不稳定，因此机械化配套施工专业技能人才的培养至关重要。由于上述大型机械化设备及专业人员的特点，专业技能人才培养的长期延续性势在必行。在此指导思路及公司现有政策基础上，项目部制订了学员和操作手评级考核管理办法、机长责任制管理办法、导师带徒考核管理办法等，并且为了确保专业技能人才培养的延续性，项目部制订了超欠挖档案终身制等管理措施。

2.1　台车学员评级考核管理及实施

为调动学员的工作积极性，尽快提高技能水平，营造学技练功氛围，突出效率和效益，鼓励凭能力、凭业绩增收入，进一步稳定和激励优秀人才，根据公司批复的"台车班薪酬考核办法"，规范相关管理要求。

2.1.1　组织领导

成立学员评级考核领导小组。

组长：经理、书记

副组长：机械总工

组员：班子其他成员、各部门负责人、队长、技术主管

领导小组下设办公室，办公室设在机电部，机电部部长兼任办公室主任，负责收集日常考核资料并做好考核台账。

2.1.2　领导小组职责

负责学员评级考核的组织领导。

负责根据本办法制定考核实施细则并组织实施。

副组长负责小组具体工作，负责日常考核资料的核实和收集。

负责理论考试出题、阅卷、评分，根据考核结果评定学员技能等级。

2.1.3 考核对象

项目部台车学员。

2.1.4 考核原则

量才录用、公平、公正、公开。

2.1.5 考核方式

日常考核、理论考试与实际操作考试相结合。

2.1.6 等级划分

将学员技能等级划分为 4 级，一级最低，四级最高。

2.1.7 等级评定

2.1.7.1　一级学员

实习生或新招录人员为一级学员，一级学员不允许进洞操作设备。

2.1.7.2　二级学员

一级学员在维修保养车间干满 3 个月，可以申请晋级为二级学员。一级学员提交申请，并经评级考核领导小组批准后参加基础理论考试和基本操作考试。考试总成绩的平均分在 85 分以上，经领导小组考核合格后评定为二级学员。

从社会上临聘的具备一定机械设备操作或维修基础的人员经审核后可以直接定为二级学员。

2.1.7.3　三级学员

二级学员履职满半年，且跟班三臂凿岩台车作业满 500 h，可以申请晋级为三级学员。申请后经过考核领导小组审核学员在履职期间的出勤情况、工作表现、工作时间等，合格后参加理论考试和实际操作考试（日常考核成绩占比 20%，理论考试成绩占比 30%，实际操作考试成绩占比 50%），综合评分在 85 分以上，经领导小组考核合格后评定为三级学员，并开始建立超欠挖档案。

2.1.7.4　四级学员

三级学员履职满 1 年，且累计操作三臂凿岩台车满 500 h，可以申请晋级为四级学员。申请后经过考核领导小组审核学员在履职期间的出勤情况、工作表现、工作时间等，合格后参加设备的理论考试和实际操作考试（日常考核成绩占比 50%，理论考试成绩占比 20%，实际操作考试成绩占比 30%），综合评分在 85 分以上，经领导小组考核合格后评定为四级学员。

2.1.8 考核内容

2.1.8.1 二级学员

熟悉三臂凿岩台车部件名称。

了解设备的基础知识，懂得凿岩机的工作原理和三臂凿岩台车的基本操作。

2.1.8.2 三级学员

懂开挖流程，能够开挖周边孔，熟练开挖辅助眼。

了解设备的基础知识，对三臂凿岩台车整车有比较系统的认识（懂凿岩机整机的工作原理、零部件的作用及装配的注意事项；懂传感器的位置、名称及作用；懂凿岩机辅助润滑、冷却、孔眼冲洗系统的原理；对设备操作系统比较熟悉）。

能独立完成三臂台车的日常保养工作。

2.1.8.3 四级学员

能够独立操作三臂凿岩台车。

能够对台车的一般故障做出正确判断，能够对台车的常见故障进行维修和保养。

对台车的液压系统、操作系统、行走系统比较熟悉，对电气系统有一定的了解，懂整机的工作原理。

了解爆破设计原理，能够看懂爆破设计图纸，会用机械零件手册查找零部件。

2.1.9 降级评定

四级学员在工作期间，3 个月内超欠挖档案超挖平均值超过 18 cm，需进行考核。考核期为 1 个月，考核达标的保留原有级别；考核期间超欠挖仍然不达标的，下降 1 级，按照考核周期及标准重新进行考核。

四级学员在工作期间连续 3 个月或者年度内有 6 个月配件消耗考核为亏损的，做下降 1 级处理；6 个月后重新考核，考核期为 1 个月，考核达标的恢复原有级别，考核不达标的 1 年内不得提交考核申请。连续 3 个月或者年度内 6 个月配件消耗超过核定消耗 50% 的，调离学员操作岗位。

学员出现造成设备损失 1 万 ~ 5 万元或出现人员轻伤以下责任事故的，对学员做下降 1 级处理，3 个月后重新进行晋级考核；学员造成设备损失 5 万 ~ 10 万元或出现人员轻伤责任事故的，对学员下降 1 级，本年度不得进行晋级考核；造成设备损失 10 万 ~ 50 万元或出现人员重伤责任事故的，1 年内不得从事操作工作，并报公司处理；造成设备损失 50 万元以上或出现人员重伤以上事故的，调离操作岗位，并报公司处理。

2.1.10　其他

获得局组织的凿岩工技能大赛前五名、公司或项目部组织的凿岩工技能大赛前三名的学员，四级学员直接晋级为一级操作手，其他级学员直接晋升 1 级。

理论考试试题从局、公司、项目部技能大赛题库中抽取。

2.2　操作手评级考核管理及实施

为了提高操作手技能水平，营造学技练功氛围，突出效率和效益，完善薪酬考核机制，鼓励凭能力、凭业绩增收入，进一步稳定和激励优秀人才，根据公司批复的"台车班薪酬考核办法"，规范相关管理要求。

2.2.1　组织领导

成立操作手评级考核领导小组。

组长：经理、书记

副组长：机械总工

组员：班子其他成员、各部门负责人、队长、技术主管

领导小组下设办公室，办公室设在机电部，机电部部长兼任办公室主任，负责收集日常考核资料并做好考核台账。

领导小组职责：

（1）负责操作手评级考核的组织领导；

（2）负责根据本办法制定考核实施细则并组织实施；

（3）负责小组具体工作，负责日常考核资料的核实、收集；

（4）负责理论考试出题、阅卷、评分；

（5）根据考核结果评定操作手技能等级，并上报公司人力资源部审核

确认。

2.2.2　考核对象

三臂凿岩台车操作手。

2.2.3　考核原则

量才录用、公平、公正、公开。

2.2.4　考核方式

日常考核、理论考试和实际操作考试相结合。

2.2.5　等级划分

将操作手技能等级划分为 5 级，依次为一级操作手到五级操作手，一级最低，五级最高。

2.2.6　升级评定

2.2.6.1　一级操作手

四级学员履职满 1 年，且累计操作三臂凿岩台车满 1000 h。依据超欠挖档案平均线性超挖 17 cm 以内，可以申请晋升为一级操作手。申请后经过考核领导小组审核学员在履职期间的出勤情况、工作表现、工作时间等，合格后方可参加理论考试和实际操作考试（日常考核成绩占比 50%，理论考试成绩占比 20%，实际操作考试成绩占比 30%），经领导小组考核合格后评定为一级操作手。

2.2.6.2　二级操作手

一级操作手履职满 1 年，当年操作设备掘进隧道 1000 m 以上（以所在项目部收方数据为准）。依据个人超欠挖档案平均超欠挖不高于 15 cm、配件消耗考核达标，项目部年度考核评定为合格，参加理论考试和实际操作考试，经领导小组考核合格并报公司审核确定后评定为二级操作手。

2.2.6.3　三级操作手

二级操作手履职满 1 年，当年操作设备掘进隧道 1000 m 以上（以所在项目部收方数据为准）。依据个人超欠挖档案平均超欠挖不高于 14 cm、配件消耗考核达标，项目部年度考核评定为合格，参加理论考试和实际操作考试，经领导小组考核合格并报公司审核确定后评定为三级操作手。

2.2.6.4　四级操作手

三级操作手履职满 1 年，且晋级三级操作手后累计操作设备掘进隧道 1500 m 以上（以所在项目部收方数据为准）。依据个人超欠挖档案平均超欠挖不高于 13 cm、配件消耗考核达标，年度公司考核评定为合格，参加理论考试和实际操作考试，经领导小组考核合格并报公司审核确定后评定为四级操作手。

2.2.6.5　五级操作手

四级操作手岗位履职满 1 年，当年操作设备掘进隧道 2000 m 以上（以所在项目部收方数据为准）。依据个人超欠挖档案平均超欠挖不高于 12 cm、配件消耗考核达标，年度公司考核评定为合格，参加理论考试和实际操作考试，经领导小组考核合格并报公司审核确定后评定为五级操作手。

操作手技能等级评定工作由项目部统一组织，每年组织 1 次，1 次 1 级，不能跳级。操作手日常考核平均线性超欠挖稳定且逐月提高，年度平均值不能低于上一个级别超欠挖考试标准，方可递交晋级申请，领导小组予以批准后参加考核。日常考核标准：每月平均线性超欠挖稳定且逐月提高，年度平均值不能低于上一个级别超欠挖考试标准。考试标准：一级操作手 15 cm，二级操作手 14 cm，三级操作手 13 cm，四级操作手 12 cm，五级操作手 10 cm。

2.2.7　技能津贴

操作手的基本待遇参照"台车班薪酬考核办法"执行，一级到五级操作手的技能津贴分别为 1000元/月、2000 元/月、3000 元/月、4000 元/月、5000 元/月。

2.2.8　降级评定

操作手在作业期间的 3 个月内超欠挖平均值低于对应级别考试标准的，予以警告，重新考核。考核期为 1 个月，达标后保留原有级别；考核期间超欠挖仍然不达标的，下降 1 级，按照考核周期及标准重新进行考核。

操作手负责所在机组连续 3 个月或者年度内有 6 个月配件消耗考核为亏损的，做下降 1 级处理；6 个月后重新考核，考核期为 1 个月，考核达标的恢复原有级别，考核不达标的 1 年内不得提交考核申请。连续 3 个月或者年度内 6 个月配件消耗量超过核定消耗量 50%的，调离操作手操作岗位。

操作手造成设备损失 1 万～5 万元或出现人员轻伤以下责任事故的，对操作手做下降 1 级处理，3 个月后重新进行晋级考核；操作手造成设备损失 5 万～10 万元或出现人员轻伤责任事故的，对操作手做下降 1 级处理，本年度不得进行晋级考核；造成设备损失 10 万～50 万元或造成人员重伤责任事故的，1 年内不得从事操作手工作，并报公司处理；造成设备损失 50 万元以上或出现人员重伤以上事故的，调离操作手岗位，并报公司处理。

2.2.9 其他

获得局组织的凿岩工技能大赛前五名、公司或项目部组织的凿岩工技能大赛前三名的操作手，直接晋升 1 级。

理论考试试题从局、公司、项目部技能大赛题库中抽取。

2.3 机长责任制考核

为确保项目部大型机械设备机长责任制的有效落实，根据"设备管理办法""凿岩台车管理办法"，编制机长责任制考核相关要求。

2.3.1 组织领导

成立机长责任制考核管理领导小组。

组长：经理、书记

副组长：机械总工

组员：班子其他成员、各部门负责人、队长、技术主管

领导小组下设办公室，办公室设在机电部，机电部部长兼任办公室主任，负责收集日常考核资料并做好考核台账。

领导小组职责：

（1）负责操作手考评，挑选优异者担任机长；

（2）负责根据本办法制定考核实施细则并组织实施；

（3）负责小组的具体工作，负责日常考核资料的核实、收集；

（4）根据考核标准对机长进行培训；

（5）根据考核结果兑现奖罚。

2.3.2 考核管理对象

三臂凿岩台车、拱架安装台车和喷浆台车机长。

2.3.3 管理及考核标准

2.3.3.1 管理要求

品行端正，具备一定人员、设备管理能力的正式员工。

具备较高的操作水平。

熟悉设备基本构造，了解设备的运行原理、特性，能够及时发现设备运行中的异常现象，并判断处理。

掌握设备日常、定期维护要点，组织操作手及时、高标准地对设备进行日常、定期维护。

具备组织操作手对设备进行常规故障修理的能力。

熟知设备油水管理办法，并有效执行。

掌握爆破设计相关知识，具备指导日常爆破掘进的能力。

具备针对隧道施工质量、进度，核算设备配件损耗、人员工资、火工品消耗、混凝土消耗的能力。

协助机械技术人员完成操作手超欠挖档案的建立及完善，配合技术人员开展开挖质量考核。

2.3.3.2 人员管理

负责约束本班人员贯彻项目规程制度的执行，本班人员出现违反项目规程制度行为，机长负领导责任。机长还负责组织人员对本班异常情况进行分析总结，查明原因，吸取教训，促进各项业务水平持续提高。机长在保证本班正常生产的前提下，有半天休假审批权，机长外出必须向台车班长及工区生产负责人请假。

2.3.3.3 材料领用

除机长外，其他人员不具有材料领用权。

机长负责本机设备故障报修并验收维修结果，在所需消耗材料领用单上和维保班长共同签字。

柴油及各类润滑油脂集中领用后，机长必须对使用量进行登记签认，月底汇总报相关技术人员。

2.3.3.4 考核标准

机长津贴标准为1000元，实际津贴=津贴标准×月度考核评分。

设备维护（25分）：日常设备作业循环记录和日常及定期维护记录齐

全、真实，考核评分=（实际有效记录数量/实际循环数量）×25。

开挖质量（25分）：根据"开挖质量管理办法"制定的考核标准，考核评分=（开挖质量合格循环数量/实际循环数量）×25。

劳动纪律（15分）：本班人员是否出现违章违纪行为。

单机核算（15分）：设备易损件消耗记录真实可靠，对大机施工相关成本进行统计整理并形成有效文件。

周检查（20分）：每周对设备运行维护情况进行检查评分，月底汇总。

安全事故一票否决制。

2.4 导师带徒

2.4.1 导师任职条件

具备一级及以上操作手级别，在设备操作、管理水平等方面表现突出，具备教育、指导学员的素质能力，在岗工作期间服务态度良好、综合能力突出者，可以聘为导师。

2.4.2 导师职责

2.4.2.1 技术培养

根据培养对象实际情况、岗位职责要求，制订培养目标以及培养计划。根据培养目标和计划有针对性地进行技术培养、业务指导和责任意识培育，保证学员技术水平不断提高。

2.4.2.2 传思想，正作风

除了专业技术水平，合格的操作手必须具备积极向上的思想，能够在工作中做出表率，具备爱岗敬业的优秀品质。导师必须以身作则，言传身教，带领学员树立严谨务实、实事求是的工作作风。

2.4.2.3 补贴办法

在导师任职期间，享受带徒津贴，津贴标准按以下办法执行。

导师津贴=学员通过率×1000元/每月，导师津贴每个考核周期兑现一次；

年内所带学员每晋升1个一级操作手，给予导师10 000元人民币奖励；学员评级考核根据项目部学员评级考核办法由项目部学员评级小组负责；学员考核周期以项目部学员评级考核办法为准。

2.5 超欠挖个人档案

项目部将所有凿岩台车操作人员纳入统计管理对象,统计内容细化至单个作业面单一循环超前挖测量数据,以月度为单位统计各操作手及学员超欠挖控制情况,此档案不随项目结束而废止,作为操作手及学员晋级提升、评优评先的基础资料。

第3章 施工管理指南

3.1 工艺工法

本节以郑万铁路巴东隧道为例,对软弱围岩高铁大断面隧道快速施工工法进行论述。

3.1.1 高铁大断面隧道快速施工工法及设备配置

3.1.1.1 三臂凿岩台车的特点

三臂凿岩台车是隧道施工机械化的一种新型装备,因其独具特色而在隧道施工领域快速发展。三臂凿岩台车具有如下优势:全电脑自动精准定位钻孔;自动采集钻孔数据生成地质分析云图;开挖及初期支护断面三维自动扫描;超前管棚施工和超前地质钻探,配合注浆和配合装药,智能自动化程度高;通过传感器感应片获取初支系统受力情况及周围围岩土压力,并自动调整钻孔参数,控制施工进尺,保证施工安全。

3.1.1.2 隧道大断面的特点

该高铁隧道断面 150 m^2 左右,一次性开挖高度大,掌子面临空面显著增大,受尺度效应的影响,掌子面稳定性显著变差,若不进行主动干预则易出现塌方,严重影响施工安全。

3.1.1.3 隧道机械化配套施工的特点

相对于传统人工开挖,隧道机械化配套施工具有如下特点。

大型机械施工对管棚的角度控制规范,钻进速度较快,有利于管棚的位置准确性。

施工锚杆采用三臂台车或锚杆钻机,锚杆定位准确性较高,锚杆角度能够准确定位,确保与围岩面垂直,特别是拱顶,人工施工没有办法做到垂直围岩面。

对于拱架安装台车,拼装钢架时,可以确保拱架安装的垂直度。拱架连接处贴合紧密，防止连接处开口。

大型机械作业提高了洞内人员的施工安全性，掌子面未支护区域没有人员停留作业，减少了危石、落石对人员造成伤害的概率。

钻眼过程中，对围岩数据的电脑采集有利于分析围岩的情况，起到进一步复核超前地质预报的作用，为施工现场更好地掌握围岩的实际情况提供依据。

大型机械加快施工进度。开挖钻眼双机可加快施工进度。经试验，双机比单机施工每循环可节约1.8 h。

安全系数高。如果遇到块石堆积体溶洞，易出现块石溜坍。采用三臂凿岩台车机械大臂施工比人工施工的安全系数高。

采用大型机械施工，拱架安装台车比传统人工立架方便、简单、易操作，在型钢整体连接效果较好的同时，大大节约立架时间。

超前支护角度偏差小，间距较均匀。采用三臂凿岩台车施工超前支护，角度和间距相对，于人工要方便控制。

喷浆采用湿喷机械手，减少了喷浆作业区域的人员，同时缩短了作业时间，降低了恶劣环境下作业人员的劳动强度。

3.1.1.4 适用范围

本工法为采用隧道机械化配套软弱围岩大断面快速施工的工法，适用于软弱围岩有一定自稳性或者经过超前加固可采用全断面施工的隧道，特别适用于长大隧道大断面施工。

工法以郑万铁路巴东隧道1号横洞正洞施工为例。巴东隧道正洞全长13 238 m，是本标段最长的隧道，也是重点控制性工程。1号横洞工点位于湖北省巴东县，工区承担正洞4352 m的施工任务，隧道围岩主要岩性为砂岩、泥岩夹泥灰岩。

3.1.1.5 工艺原理

长大隧道开挖采用新奥法进行施工时，依据人机工程原理，采用三臂凿岩台车代替传统人工进行掌子面开挖施工。三臂凿岩台车在钻臂之间不发生干涉的条件下，通过电脑程序智能控制，优化凿岩钻孔工艺；通过对不同围岩的实践，寻求最佳的钻孔顺序，凭借机械化作业钻孔速度快、定位精度高、施工安全性高等优势，在实践操作中研究合理的钻爆参数，优化设计进行光面爆破，最大限度地缩短循环作业时间、提高作业效率、强化钻爆精度、减少超欠挖，同时减少对围岩的扰动，在节约工期的同时大幅降低施工成本。

3.1.1.6 工艺流程及操作要点

1. 工艺流程

隧道机械化配套软弱围岩大断面快速施工工艺流程见图3-1。

2. 操作要点

（1）施工准备。对施工所需的材料做好计划，按期组织进场，做好验收工作。大机所需的配套设备进场后，组织验收并做好日常的维护保养。隧道内做好大机设备的相关保障设施。熟悉大机配套图纸，做好培训工作，确保作业人员熟悉大机参数，确保施工有的放矢。

（2）超前地质预报。超前地质预报工作结合地质调查法、隧道超前地震（TSP）法、地质雷达法、超前钻孔及加深炮孔法等多种手段，采取长短结合、相互验证的综合预报技术，见图3-2。其中，超前钻孔及加深炮孔法主要利用电脑三臂凿岩台车进行实施。进行钻孔作业时，实时监测推进速度、冲击压力、推进压力、回转压力、水压力和水流量等参数，并通过 MWD 软件分析复原地质情况，形成地质报告，由此可建立隧道大数据地质库。

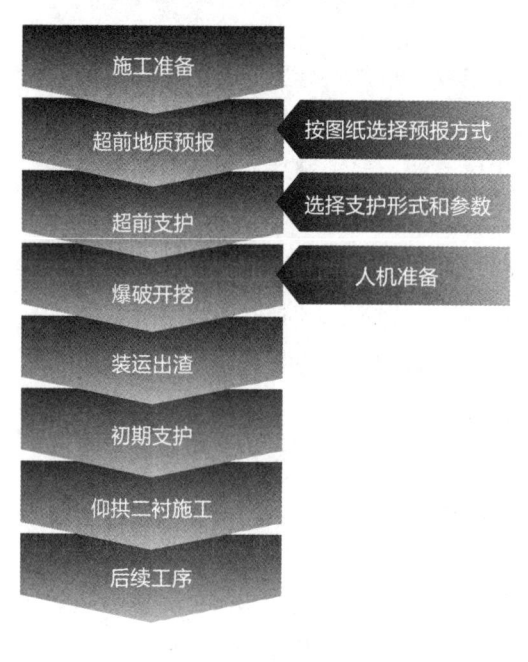

图3-1 隧道机械化配套软弱围岩大断面快速施工工艺流程

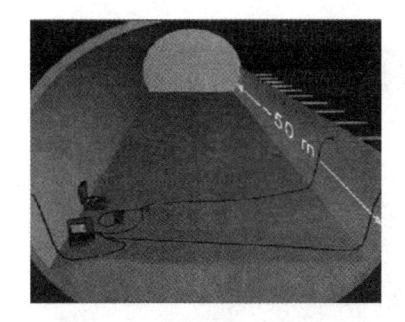

图3-2 超前地质预报

（3）超前支护。超前支护是保护隧道工程开挖工作稳定而采取的超前于掌子面开挖的一种辅助措施。

① 管棚超前支护。根据现场的围岩情况、工序循环状况及设备利用情况分析，在Ⅳ级围岩中采用 $\phi 60$ mm 中管棚，管棚长度已控制在 12~15 m，若围岩较好可达到 20 m；Ⅴ级围岩中采用 $\phi 76$ mm 中管棚，管棚长度已控制在 9~12 m，在围岩破碎程度低、成孔质量好的情况下可达到 15 m。地质条件较差且围岩较破碎，管棚难成孔时，可采用自进式管棚施工，见图3-3。

图3-3 自进式管棚施工

② 掌子面加固。Ⅳ级围岩掌子面较稳定时，喷射 4 cm 厚 C30 混凝土封闭掌子面。Ⅴ级围岩掌子面不能自稳时，采用喷射混凝土封闭掌子面（图3-4）+打设玻纤锚杆的方式进行封闭。首先采用 10 cm 厚 C30 喷射混凝土封闭掌子面，按照 1.5 m × 1.5 m 在标识玻纤锚杆位置采用 $\phi 45$ mm 钻头。由于围岩非常破碎，钻孔时水压和水量较大，成孔较为困难，塌孔严重，一般钻孔深度为 9~12 m 后应及时安装锚杆（图3-5）并注浆。

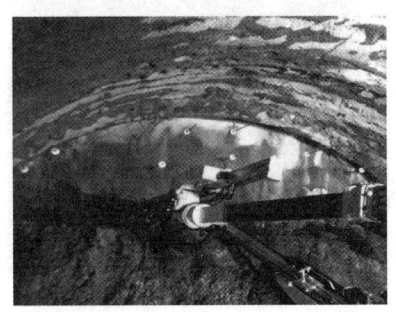

图3-4 掌子面封闭   图3-5 掌子面施工玻纤锚杆

（4）爆破开挖。适用于大型机械化作业的施工方法为机械化大断面法，包括全断面工法和微台阶工法。

①全断面工法：按设计断面含仰拱一次开挖成型，见图3-6。

②微台阶工法：台阶状掌子面，上台阶、下台阶（含仰拱）同时开挖、支护，台阶长度为3~5 m，上台阶高度为设计断面高度的1/2~2/3，见图3-7。

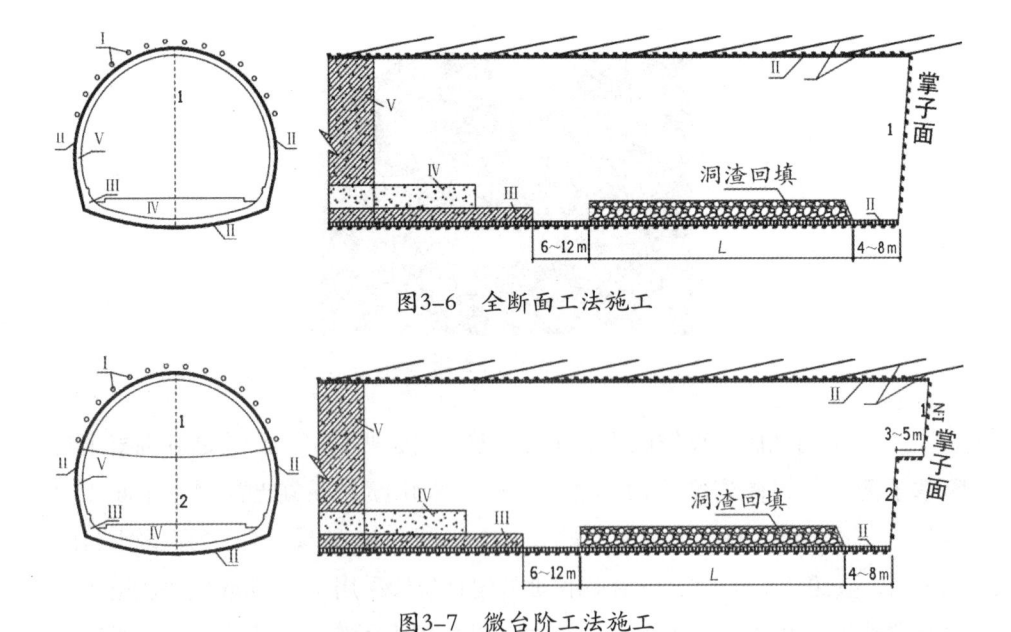

图3-6 全断面工法施工

图3-7 微台阶工法施工

开挖前，先将爆破设计炮眼布置图（图3-8）导入三臂凿岩台车电脑操控系统。为解决三臂凿岩台车打设周边孔时其外插角较人工钻眼大，开挖进尺较人工大（一般为3~4榀），Ⅳ、Ⅴ级围岩较为破碎，周边孔装药时间长、装药量大，爆破后拱部掉块严重、粉尘高，无法最大限度地发挥三臂台车的工效等问题，施工现场引进了聚能水压爆破技术。该技术是结合隧道掘进光面爆破和水压爆破两项技术应用于隧道掘进施工的新技术，可以完美地解决上述问题。

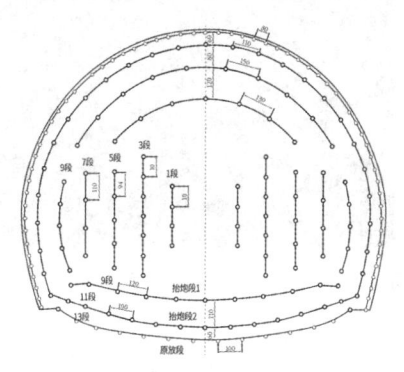

图3-8 爆破设计炮眼布置图

由于三臂凿岩台车的钻杆较长（约6 m），在带仰拱全断面开挖施工时，钻杆无法水平推进，会导致外插角偏大，仰拱超挖量大，开挖质量得不到有效控制，浇筑仰拱混凝土时过厚，易受水化热影响，最终影响混凝土质量。现场施工时应在掌子面前方预留一个7 m长的仰拱槽，保证钻杆的水平下移空间，见图3-9和图3-10。

图3-9 采用三臂凿岩台车进行画弧定眼　　图3-10 掌子面双三臂凿岩台车钻孔作业

施工过程中，通过在初期支护内预埋应力应变传感器，获取已施工初期支护的受力情况及周边围岩压力，凿岩机控制系统自动分析沉降和收敛规律，调整开挖参数，控制开挖进尺，保证开挖掌子面的稳定，保障施工安全。采用三臂凿岩台车进行装药布线，见图3-11。聚能管装药见图3-12。

图3-11 采用三臂凿岩台车进行装药布线　　图3-12 聚能管装药

（5）装运出渣。出渣是指将隧道开挖过程中产生的石渣、土块等废渣运出隧道施工现场的过程。它的重要性在于及时清除开挖面的废渣，为后续的隧道掘进创造良好的工作空间。如果废渣不能及时运出，会影响施工进度，甚至可能导致安全事故，例如妨碍施工设备的正常运作、造成隧道内交通堵塞等。

装渣流程：首先，装载机或挖掘机等装渣设备进入开挖面附近。在装渣前，要对设备进行检查，确保设备的工作装置（如装载机的铲斗、挖掘机的挖掘臂）能够正常运行。装渣时，操作手要根据石渣的分布情况，合理控制设备的动作，将石渣装入运输车辆。对于较大的石渣块，可能需要先用破碎设备进行破碎，然后再进行装载，以保证运输车辆能够顺利运输。

运输流程：运输车辆装满石渣后，沿着隧道内指定的运输道路行驶。在行驶过程中，司机要注意控制车速，因为隧道内空间有限，视线可能受到一定的限制。同时，要注意与其他车辆保持安全距离。对于有轨道的运输设备，如梭式矿车，要确保轨道的状态良好，防止矿车脱轨。运输路线一般会尽量避免与其他施工工序产生干扰，例如与混凝土运输、人员通行等路径分开设置。

卸渣流程：当运输车辆到达指定的渣场后，进行卸渣。对于自卸车，通过操作液压系统将车厢升起，将石渣倾倒在渣场。梭式矿车则利用刮板输送机将石渣卸出。卸渣后，运输车辆要检查车厢内是否有残留石渣，如有，需要进行清理，然后返回装渣地点，进行下一轮的装运工作。

（6）初期支护。初期支护钢架采用三臂拱架安装台车（图3-13），钢架的分段重力已不再受人工抬举力量的影响，同时结合隧道净空和原材料的尺寸对钢架的分段进行了优化，将原设计整环7节优化为5节，这样减少了型钢的接头数量，有利于钢架的整体受力，也提高了原材料的利用率，并大大节约了安装工序的时间。同时为了更快地完成拱架安装，将原纵向连接筋优化为套筒连接。喷射混凝土采用了两台喷浆机同时喷射，后续又引进了一台双臂喷浆机，较两台喷浆机的效率又有所提升，见图3-14。

图3-13　采用拱架安装台车立架　　　　图3-14　喷射混凝土

（7）仰拱及二衬施工。仰拱施工采用步履式自行仰拱栈桥及模板（图3-15），在浇筑完一节段后，能够自行至下一浇筑节段，减少了仰拱的分段数，同时仰拱的一次性长度也可以与二衬同步，在轻松实现仰拱与二衬节段施工缝对齐的同时也减少了施工缝止水材料的消耗量；通过仰拱弧模依次从下往上逐层浇筑、振捣，弧形仰拱能一次成型，避免两侧仰拱浇筑时为了防止混凝土上翻而出现的冷缝，也避免仰拱与填充不同标号的混凝土混浇；使用有效作业长度为28 m（12 m＋12 m＋4 m）的仰拱栈桥，前一浇筑节段（12 m）进行模板对位安装及混凝土浇筑的同时，可以对下一浇筑节段（12 m＋4 m）进行仰拱开挖清渣及绑扎钢筋，实现平行作业，缩短总体工序

时间，见图3-16。

图3-15　步履式仰拱栈桥施作仰拱　　　　图3-16　仰拱混凝土浇筑

使用半自动防水板及钢筋绑扎综合作业台车，土工布、防水板均可通过提升系统进行提升，见图3-17。通过门架四周的卷扬机，将防水板通过弧形轨道从一侧牵引至另一侧，解决了传统上防水板挂设较慢的问题，同时防水板的宽度由人工挂设的3 m变成6 m，大大降低了工人的劳动强度，同时也减少了防水板的接缝，降低了人工操作原因造成防水板接缝质量问题的概率；顶伸系统通过固定于门架与弧形滑动轨道之间的液压缸，将牵引好的防水板顶伸至工作面较近处，再进行防水板焊接，有效地解决了传统防水板铺设易出现大面积褶皱的问题，提高了防水板的铺设质量，提高了防水板的铺挂效率。

图3-17　防水板台车挂设防水板

多功能二衬台车分窗布料系统通过一个主料斗和左右共6条浇筑通道实现分窗逐窗布料浇筑工艺，见图3-18。分窗布料控制了混凝土倾落自由高度不超过2.0 m，分层逐窗浇筑，减少混凝土的离析，提高混凝土的入模质量。

图 3-18　二衬台车分窗布料系统

二衬混凝土施工完成后需进行水化热反应，内部凝胶体的水泥颗粒需要充分水化，转化为稳定的结晶，达到设计的强度，满足耐久性的要求。因此二衬混凝土的养护也是一道重要的施工工序。在二衬台车尾部安装自动喷淋养护装置。该装置采用 $\phi48\text{ mm}\times3.5\text{ mm}$ 无缝钢管制作，结合上方焊接喷淋喷头，实现自动喷淋，见图3-19。在二衬台车脱模进入下一环施工时，上一环二衬的新鲜混凝土面将完全暴露在空气中，此时台车尾部的自动喷淋装置可直接对二衬进行洒水养护，养护范围可达 2 环二衬，减少了人工洒水及养护台车的使用，保证了养护的及时性，同时也使得作业区域场地不因设备而拥挤。

图3-19　喷淋养护

3.1.1.7　材料与设备

1. 材料

本工法所需主材按设计图纸进行材料计划。

2. 机具设备

本工法所需主要机具设备见表 3-1。

表3-1　机具设备一览（巴东隧道）

序号	作业工序	设备名称	基本配置方案 型号	基本配置方案 数量
1	超前地质预报作业线	C6型多功能钻机	C6型	1台
		三臂凿岩台车	BOOMER XE3C	1台
2	超前支护作业线	C6型多功能钻机	C6型	1台
		三臂凿岩台车	BOOMER XE3C	1台
3	开挖作业线	三臂凿岩台车	BOOMER XE3C	2台
4	装运作业线	装载机	小松380	2台
		挖掘机	小松220	1台
		自卸汽车	≥25 t	5台
5	喷锚支护作业线	混凝土湿喷机械手	TSR500	2台
		三臂轮式拱架安装台车	XZGT313B	1台
		锚注一体机	MT21	1台
		空压机	28 m^3/min	3台
6	仰拱填充（铺底）作业线	自行式仰拱栈桥+全弧形模板+填充模板	ZLYGTC-12×2	1套
		止水带对夹模板	—	2套
		钢筋卡具	12.1 m	4套
7	防排水作业线	半自动钢筋防水板台车	FSB TC-6	1台
		简易钢筋台架	12 m	1台
8	衬砌作业线	衬砌模板台车	12.1 m	1台
		混凝土输送车	8 m^3	5台
		混凝土输送泵	60 m^3/h	1台
		混凝土集中拌和站	180 m^3/h	1座
9	二衬养护作业线	二衬喷淋养护台车	12 m	1台
10	沟槽作业线	整体式液压水沟电缆槽	12 m	1台
11	施工通风作业线	轴流式通风机	132 kW	1组
		轴流式通风机	110 kW	1组
		射流风机	55 kW	1台
12	辅助作业线	破碎锤	小松220	1台
		铣挖机	MB-R700	1台
		3D扫描仪	8TK-PCAS	1台
		敲击检测作业台架	6 m	1台

3.1.1.8　质量控制

本工法应执行的主要技术标准及验收规范：《铁路混凝土工程施工质量

验收标准》（TB 10424—2018）、《高速铁路隧道工程施工质量验收标准》（TB 10753—2018）、《高速铁路隧道工程施工技术规程》（Q/CR 9604—2015）。

1. 质量控制标准

钻孔时应按钻爆设计要求严格控制炮眼的间距、深度和角度。掏槽眼的眼口间距和深度允许偏差为 5 cm。辅助炮眼眼口、眼底间距允许偏差均为 100 mm。周边孔的间距允许偏差为 5 cm，外斜率不应大于孔深 3%～5%，眼底不应超出开挖断面轮廓线 10 cm。

钢架应按设计位置安设，钢架之间必须用钢筋纵向连接，并要保证焊接质量。在拱架安设过程中，当钢架与围岩之间有较大的空隙时，沿钢架外缘每隔 2 m 应用混凝土预制块楔紧。

混凝土应分层次分段喷射完成，初喷混凝土应尽早进行"早喷锚"，复喷混凝土应在量测指导下进行，即"勤量测"的基本原则，以保证喷射混凝土的复喷适时有效。

2. 质量控制措施

成立质量领导小组，施工现场设立质量检查员，负责对施工中开挖爆破、支护进行把关和自检，报监理验收合格后方可进行下道工序的施工。

大力推行光面爆破，严格控制隧道超挖，杜绝欠挖。

钻眼必须坚持"平、直、齐、准"的原则，特别是周边孔要控制好方向和装药量，以提高光爆效果，减少超欠挖。

坚持"石变我变"的原则，根据施工现场的实际情况灵活调整炸药的用量及合理的进尺。

周边孔采用小直径药卷间隔装药，导爆索传爆，其他炮眼采用 ϕ 32 mm 药卷连续装药结构。

3.1.1.9 安全措施

1. 施工过程中遵循的标准与规范

施工过程中应严格遵循以下标准、规范：《铁路工程基本作业施工安全技术规程》（TB 10301—2020）和《铁路隧道工程施工安全技术规程》（TB 10304—2020）。

2. 安全生产技术措施

施工前对全体作业人员进行培训，增强施工人员安全意识；施工时必须选用经检验合格的料具，防止机械事故的发生；施工作业平台必须搭设牢固、平整。

注浆作业人员必须按要求佩戴和使用防护用品，不得直接接触浆液。施工的各班组间，应建立完善的交接班制度，并将施工、安全等情况记载于交接班的记录簿内。工地值班负责人应认真检查交接班情况。

所有进入隧道工地的人员，必须按规定佩戴安全帽等安全防护用品，遵章守纪，现场有专人指挥；与施工无关人员严禁入场。

在钻孔作业中，要采取措施防止孔口喷水突泥，如有发生应及时处理；爆破后及时撬帮、找顶，对于有垮帮、掉块迹象的要及时清理；架立钢架时，防止倾覆伤人。

作业司机严禁疲劳驾驶，确保施工安全。

3. 环保措施

现场布局合理，施工组织有序，材料堆码整齐，设备停放有序，标志标识醒目，环境整洁干净，遵纪守法，文明用语，文明施工，文明撤离，实现施工现场标准化、规范化管理。

隧道内、搅拌站以及其他施工区产生的施工污水经治理净化处理后排放，不直接排入河道。生活污水采取二级生化或化粪池等措施进行净化处理，生活废水必须经沉淀处理，经检查符合标准后方可排放。

注意保护自然水流形态，做到不淤、不堵、不留施工隐患、不阻塞河道。

固体废弃物统一收集，可回收利用的回收处理，不可回收的集中至弃渣场统一处理。

3.1.1.10 效益分析

1. 资源配置对比分析

人工开挖：主要钻孔设备为手持式风钻，作业平台为钢结构台架，动力为风动式（4台28 m^3 空压机提供动力，单台功率162 kW），全断面（含仰拱）开挖人员26~30人。

大机开挖：2台三臂凿岩台车（单台功率225 kW），每台三臂凿岩台车配置操作手2人、学员1人，2台合计配置操作手4人、学员2人、维保1人、机械技术员1人、配合装药人员8人，合计16人，对比情况见表3-2。

表3-2 全断面施工资源配置对比

资源配置	人工开挖	大机开挖
三臂凿岩台车/台	0	2
开挖台架/台	1	0
手持风钻/台	24	0
空压机/台	4	0
通风机/台	1	1
人员/人	26~30	16

手持式钻机更加轻便灵活，周边孔外插角控制难度较小，但整体开挖质量受限于炮工开挖水平，差异性较大，尤其是年轻一辈施工人员紧缺，人工开挖质量呈下降趋势。

使用三臂台车开挖，可严格按照爆破设计进行钻眼，钻眼角度、间距和深度可通过台车上的传感器传输到电脑上，实现高精度钻孔。爆破后效果明显优于人工，同等级围岩较人工平均线性超挖降低2 cm。

郑万铁路巴东隧道1号横洞Ⅳ级围岩开挖作业循环时间见表3-3。

表3-3 郑万铁路巴东隧道1号横洞4级围岩开挖作业循环时间

序号	工序	大机开挖时间/min	备注
1	中管棚施工	120	每循环作业时间为1420 min（23.7 h）。每3个循环施工一次12 m中管棚（时间为6 h），2台三臂凿岩台车钻眼，2台装载机出渣，2台湿喷机械手喷浆，平均循环进尺按3.3 m计，考虑不可预见因素影响，每月生产进度为90~95 m
2	测量放线	30	
3	钻孔	120	
4	装药连线	120	
5	通风	10	
6	出渣	300	
7	清危初喷	70	
8	立架	300	
9	喷浆	270	
10	清回弹料	80	
11	合计	1420	

2. 安全、作业环境和强度对比

安全：钻爆法开挖钻孔时对围岩扰动最大，大断面人工开挖掌子面同时作业人数为26~30人，安全风险较大。三臂凿岩台车钻孔时，掌子面10 m范围内无人作业，抗风险能力得到极大提高。

作业环境：长大隧道，尤其是掌子面距离洞口超过 2 km 后，通风排烟和降温问题成为隧道掘进的主要障碍。在此类环境下，作业工人厌工情绪较重，严重影响作业效率。而三臂凿岩台车钻孔操作手作业环境优越，配合装药人员作业强度低，受环境影响较小。

强度：与人工开挖的高负荷、强噪声相比，三臂凿岩台车开挖钻孔操作为手柄控制，操作室隔音效果好；装药工人仅负责装药，工作强度较低。

3. 经济性比较

工效：相比人工作业，三臂凿岩台车钻孔效率更高，且在有充足工作面的情况下，三臂凿岩台车具备持续作业能力，设备利用率的提高可以有效降低机械化施工成本。

施工成本对比：巴东隧道1号横洞正洞前期已完成 2840 m，共计节约施工成本 4 666 318.8 元，见表3-4。

表3-4 隧道机械化配套软弱围岩大断面快速施工工法成本对比

序号	费用分项		人工/(元·m^{-3})	大机/(元·m^{-3})	大机较人工节约成本/(元·m^{-3})	已完成开挖隧道长度/m	已完成开挖土石方数量/m^3	大机较人工节约成本/元
1	开挖	火工品	7.95	9.67	−1.72	2840	406120	−698526.4
2		人工费	14.8	15.93	−1.13	2840	406120	−458915.6
3		机械折旧费	3.94	13.04	−9.1	2840	406120	−3695692
4		机械维修费	4.81	10.99	−6.18	2840	406120	−2509821.6
5		配件损耗费	3.6	13.99	−10.39	2840	406120	−4219586.8
6		电费	7.63	2.92	4.71	2840	406120	1912825.2
	小计		42.73	66.54	−23.81	2840	406120	−9669717.2
7	初支	人工费	26.3	3.6	22.7	2840	406120	9218924
8		机械折旧费	2.8	5.7	−2.9	2840	406120	−1177748
9		机械维修费	3.5	7.1	−3.6	2840	406120	−1462032
10		能源费	8.1	17.1	−9	2840	406120	−3655080
	小计		40.7	33.5	7.2	2840	406120	2924064
11	管理费		25.3	12.5	12.8	2840	406120	5198336
12	工期成本		28.9	13.6	15.3	2840	406120	6213636
	小计		54.2	26.1	28.1	2840	406120	11411972
	合计		137.63	126.14	11.49	2840	406120	4666318.8

注：节约为"+"，多耗为"−"。

综上可知，隧道机械化配套软弱围岩大断面快速施工工法可大幅降低资源配置等方面的成本，资源利用程度高，减少了施工噪声污染、扬尘等环保问题，工期可控，安全质量达标，社会效益良好。本工法在巴东隧道1号横洞正洞施工中是一种先进合理的施工工法。

3.1.1.11　应用实例

隧道机械化配套软弱围岩大断面快速施工工法在郑万铁路湖北段巴东隧道1号横洞正洞施工上得到了成功运用，工程安全、质量、进度、成本、环保的满足要求。

巴东隧道正洞全长 13 238 m，是本标段最长的隧道，也是重点控制性工程。1号横洞工区承担正洞 4352 m 施工任务，隧道围岩主要岩性为砂岩、泥岩夹泥灰岩。在后续的施工中，本工法继续发挥了重要作用。

3.1.2　高铁大断面微台阶开挖工法及设备配置

我国的铁路建设已处于高质量发展的时期，而高速铁路（时速 400 km/h）建设作为国家发展的重点，其施工的整体技术水平也将迈向新的高度。目前我国对于水平岩层状的红层泥岩等软弱围岩隧道修建，还普遍采用三台阶或者三台阶衍变的微台阶人工开挖工法，且都是人工与小型机械相结合的方式施工。这些工法存在掌子面人数较多、施工安全风险系数高、施工环境恶劣、施工效率低等问题。采用机械化配套微台阶开挖工法施工工艺能大大降低隧道施工的安全风险系数，提升隧道施工质量，提高隧道施工效率。通过实践总结出机械化配套微台阶开挖工法有如下优点。

施工安全可靠：减少近水平缓倾岩层的暴露时间，降低红砂泥岩风化掉块风险，避免了长时间暴露导致的围岩失稳现象，实现了软弱围岩及时封闭成环，降低了初期支护围岩变形量。

提升施工效率：解决了两台阶法多作业面存在的交叉作业问题，工序组织更容易。大型机械化的使用加快了施工速率。

施工成本降低：减少作业面，减少人工成本，机械化微台阶开挖成本比人工开挖成本更低。

工装配套优化：全电脑三臂凿岩台车和三臂拱架安装机替代了传统的开挖台架，克服了传统开挖台架易损坏、难维修、使用寿命短的缺点。

3.1.2.1 工法特点

机械化微台阶开挖工法严控工序衔接质量，坚持"各工序负搭接，工序严格考核"的管理原则，对掌子面实行精细化管理、严格化管理、段落化管理，确保各工序衔接紧凑，各机械作业有序，整个开挖工序与后部工序形成了有机的整体。隧道内各工序做到紧张施工、施工有序、安全可控。

机械化微台阶开挖工法每循环"上台阶超前支护、及时封闭，上、下台阶仰拱同步开挖、同步支护、一次出渣"。这有利于现场快速施工，有效地提高了掌子面掘进速度，使初期支护尽早封闭成环，减少工序干扰，保证衬砌施工进度，满足安全步距要求。

机械化微台阶开挖工法减少了交叉作业，具有提高大断面软弱围岩隧道的施工效率、保障隧道各工序施工质量、改善施工环境、降低施工安全风险、减少掌子面施工作业人员等优点。

机械化微台阶开挖工法合理利用上、下台阶的作业空间，最大限度地利用工作面空间，减少交叉作业，形成了流水作业线，缩短了循环时间，在工序衔接方面实现了"零耽搁、负搭接"。

机械化微台阶开挖工法台阶长度合理，对台阶长度实行精细化管理，下台阶不分左右侧开挖，缩短安全步距。

仰拱与掌子面同时开挖爆破，杜绝后期仰拱开挖爆破对围岩的扰动。仰拱施工时无须钻眼爆破，减少对掌子面开挖工序的干扰。

3.1.2.2 适用范围

本工法采用大型机械化配套微台阶施工，适用于近水平缓倾岩层、围岩软弱、强或中风化红砂泥岩隧道施工。

3.1.2.3 工艺原理

本工法结合了全断面开挖工法和两台阶开挖工法的优点。全断面施工作业面少，工序管理简单，施工效率高，能降低围岩分化程度；两台阶开挖工法安全可控。机械化微台阶开挖工法结合两者优点，上、下台阶可同时作业，兼顾软弱围岩，可快速施工，具有安全、有效、可控，缩短安全步距的优点。

3.1.2.4 施工工艺流程

微台阶法施工工序流程见图3-20。

第3章 施工管理指南

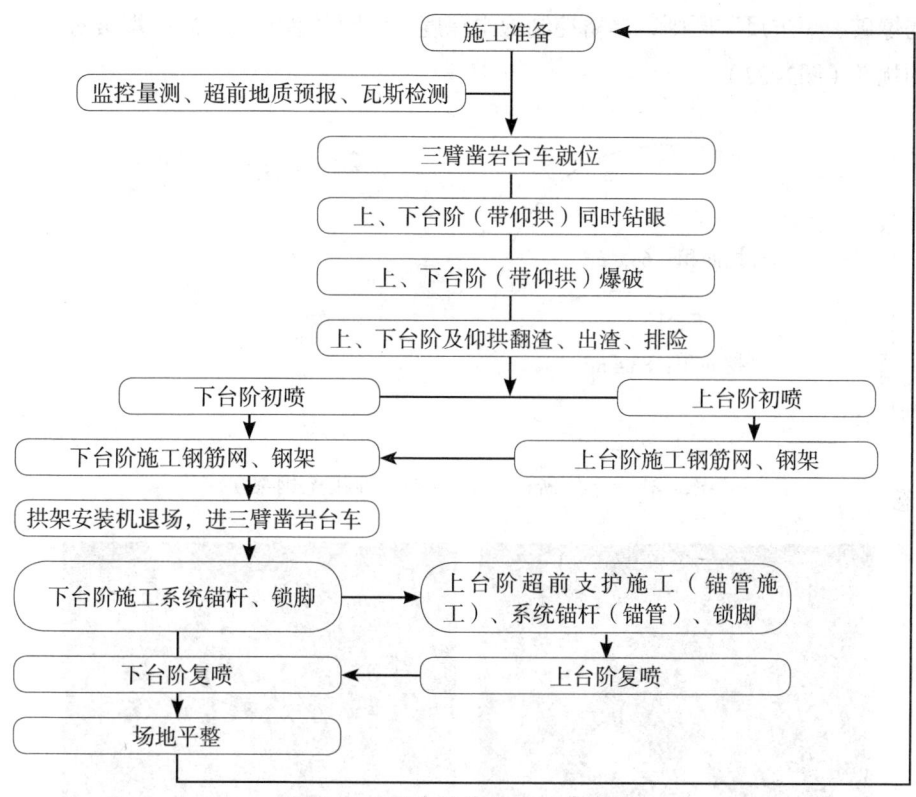

```
施工准备
  ↓
监控量测、超前地质预报、瓦斯检测
  ↓
三臂凿岩台车就位
  ↓
上、下台阶（带仰拱）同时钻眼
  ↓
上、下台阶（带仰拱）爆破
  ↓
上、下台阶及仰拱翻渣、出渣、排险
  ↓                              ↓
下台阶初喷                    上台阶初喷
  ↓                              ↓
下台阶施工钢筋网、钢架    ←  上台阶施工钢筋网、钢架
  ↓
拱架安装机退场，进三臂凿岩台车
  ↓
下台阶施工系统锚杆、锁脚  →  上台阶超前支护施工（锚管施工）、系统锚杆（锚管）、锁脚
  ↓                              ↓
下台阶复喷               ←    上台阶复喷
  ↓
场地平整
```

图3-20　微台阶法施工工序流程

施工工序详细流程如下。

瓦斯检测、超前地质预报、监控量测均符合安全指标后，通知三臂凿岩台车施工。

将超前地质预报、监控量测纳入工序管理。隧道采用综合超前地质预报，以 TSP、超前钻孔、加深炮孔等为探测手段，严格执行"先探后挖"原则；监控量测采用全站仪测量，及时采集数据并分析，以得出结论，进而指导现场施工。

钻孔作业完成后，由三臂凿岩台车配合人工装药。

Ⅳ围岩采用微台阶法（带仰拱）开挖，上台阶高度 6 m，台阶长度 3 m，台阶长度根据围岩变化情况适时调整，调整建议范围为 3~5 m；下台阶高度（含仰拱）6.58 m（图3-21），下台阶不分左右侧同时开挖，掌子面按 1:0.1 放坡；开挖爆破采用楔形掏槽钻爆方式施工。开挖爆破应遵循"炮孔小间距、弱爆破、短进尺"原则，严格控制炮眼深度、间距及装药量，减少爆破对围岩的扰动（图3-22）。

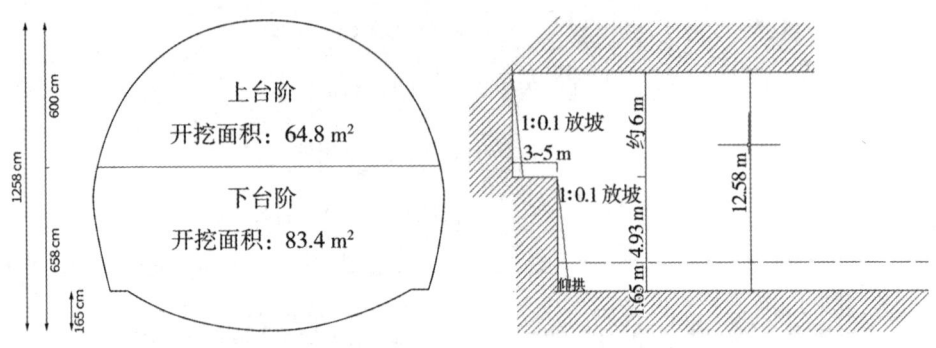

图3-21 开挖断面（带仰拱，仰拱无钢架）

图3-22 三臂凿岩台车钻孔作业现场

出渣后，对上、下台阶排险，确认安全后初喷混凝土。上、下台阶开挖完成后，由挖掘机在下台阶对上台阶扒渣至下台阶，需注意保留平台宽度，在下台阶集中转运洞渣至弃渣场，见图3-23。初喷C30混凝土，喷射5~8 cm，封闭上、下台阶掌子面和拱墙。

图3-23 挖掘机、转载机、自卸车配合出渣现场

施工上台阶初期支护：钢筋网、钢架等。上台阶 A 单元钢架每榀设置 3 节，以加强支护。进行微台阶施工时，上台阶钢架的锁脚相比原设计增加 1 组锁脚，对上台阶进行加固，防止拱架下沉。

施工下台阶初期支护：钢筋网、钢架等。上台阶 B 单元钢架每榀设置 2 节，以加强支护。

拱架安装机退场，进三臂凿岩台车，见图3-24。施工上、下台阶超前支护、锁脚、砂浆锚杆、低预应力锚杆。立架后每循环施作 4.5 m 超前小导管，环向间距 50 cm，每环 31 根，对前方围岩进行超前支护。锁脚锚管采用长 4 m 的 $\phi 42$ mm 小导管，每榀钢架 12 根，上、下台阶设置在钢架根部，下插 20°。

图3-24 三臂拱架台车立架

上台阶、下台阶复喷至设计厚度。在混凝土喷射施工前，为确保各项原材料相互兼容，保证混凝土性能稳定，应对进场原材料进行试验。根据试验结果动态调整施工配合比，并结合现场设备进行工艺试验，优化工艺参数，以提高混凝土喷射质量。微台阶喷混凝土现场见图3-25。

图3-25 微台阶喷混凝土现场

进行下一循环施工。

3.1.2.5 材料与设备

本工法没有需要特别说明的材料，采用的机具设备见表3-5。

表3-5 机具设备

序号	设备名称	规格型号	数量	备注
1	超前水平地质钻机	—	1台	
2	三臂凿岩台车	Dj3A	1台	
3	三臂拱架安装机	—	1台	
4	喷射混凝土机械手	—	1台	
5	模板台车	12.1 m	1台	
6	混凝土拌和站	—	1套	
7	挖掘机	—	2台	
8	装载机	—	1台	
9	自卸汽车	—	5台	
10	轴流通风机	—	2台	1台备用
11	带模注浆泵	—	1台	
12	混凝土输送泵	—	1台	
13	自动液压仰拱栈桥	36 m	1台	

3.1.2.6 质量控制

1. 施工质量标准

质量验收标准：

（1）钢架种类、规格和数量应符合设计要求。

（2）钢架应及时架设，钢架安装不得侵入二次衬砌结构，锁脚锚管（杆）、相邻钢架及各节钢架间的连接应符合设计要求。

（3）钢架底角应置于牢固的基础上。

（4）钢架安装允许偏差的检验应符合表3-6的控制要求。

（5）钢架保护层应符合设计要求。

表3-6 钢架安装验收标准

序号	项目	允许偏差
1	间距	±100 mm
2	横向位置	±20 mm
3	垂直度	±1°

喷混凝土质量验收标准：

（1）拱墙喷浆平顺度需要达到深长比小于1/20的要求。

（2）喷混凝土使用早高强混凝土，8 h强度达到10 MPa，24 h强度达到15 MPa。

2. 施工质量保证措施

每循环必须施作超前支护，超前支护与上循环钢架连接牢固，注浆饱满。

微台阶法实施需掌握准围岩地质水文情况，并加强微台阶成形与长度等质量控制，开挖进尺应保证台阶长度。

开挖后及时初喷掌子面和拱墙。

开挖坚持以光面爆破为主、人工修整为辅的原则，减少对围岩的扰动，并保证开挖轮廓面圆顺。

锁脚锚管是保证初期支护安全的重要措施，保证了工字钢在受到侧向力时不发生向洞内的位移变形，同时可以起到抑制拱架整体下沉的作用，从而保证初支结构在施工过程中受力稳定，保证锁脚锚管与钢架的焊接质量，保证锁脚锚管和拱架间的有效连接。

施工中随时关注初期支护稳定情况，加强施工中的监控量测工作，及时反馈信息，以调整支护参数。

仰拱初期支护及时封闭成环是确保初期支护安全的根本措施，以利于形成完整的初期受力体系。同时采用长栈桥施工仰拱，确保了仰拱混凝土的施工质量。

3.1.2.7 安全措施

搞好安全教育培训和安全交底工作，坚持"先培训，后上岗"的原则。

特种作业人员必须培训合格后持证上岗。

高空作业时必须正确系挂安全绳。

每班实行班前讲话制度，由带班人员着重讲解本班需要注意的安全事项。

洞内作业时必须正确佩戴安全帽，并正确使用劳动保护用品，禁止吸烟。

施工用电严格执行"一机一闸"制度，禁止一闸多机。

在二衬与下台阶之间设置逃生通道，逃生通道采用 ϕ 800 mm的钢管，端头距离掌子面不大于20 m，管道沿着初期支护的一侧从下台阶至二衬方向布置。设置的逃生管道应平整、干燥、顺畅，不得作应急逃生以外的用途。

无论通风机运转与否，严禁人员在风管的进出口附近停留。通风机必须采用一备一用，通风机的电源必须与应急发电机保持连通，以便出现停电情况，能够在短时间内进行切换。

隧道内瓦斯检测实行"一炮三检"，即装药前、爆破前、爆破后均需要检测。

3.1.2.8　环保措施

严格执行工完料尽、机清制度。

隧道内使用用水以及地下水由排污管引排至洞外三级沉淀池，经处理达标后方可排入自然沟渠，不得向农田、敏感水体排放。

隧道施工中的通风符合原铁道部隧道设计和施工规范的要求，并设专职人员管理。隧道内的空气成分，每月至少取样分析一次。风速、含尘量每月至少检测一次。风筒布风口距离掌子面不小于15 m。

对表土进行剥离处理，并对表土采取编织袋装土拦挡，表土表面用密目网等遮盖。

对于施工车辆和机械经过路段，要经常性采取洒水降尘措施。

3.1.2.9　效益分析

隧道施工采用微台阶施工方法，并依据不同级别的围岩性质，采用不同的微台阶施工工艺。Ⅳ级围岩在采用微台阶施工方法之前，每次循环作业时间在20 h以上，每月平均进尺仅60~70 m；采用微台阶施工方法之后，每次循环作业时间缩短3 h左右，每月平均进尺提高20~30 m。单次施工循环时间明显减少，月进尺明显提高，施工效率显著提高，见图3-26。

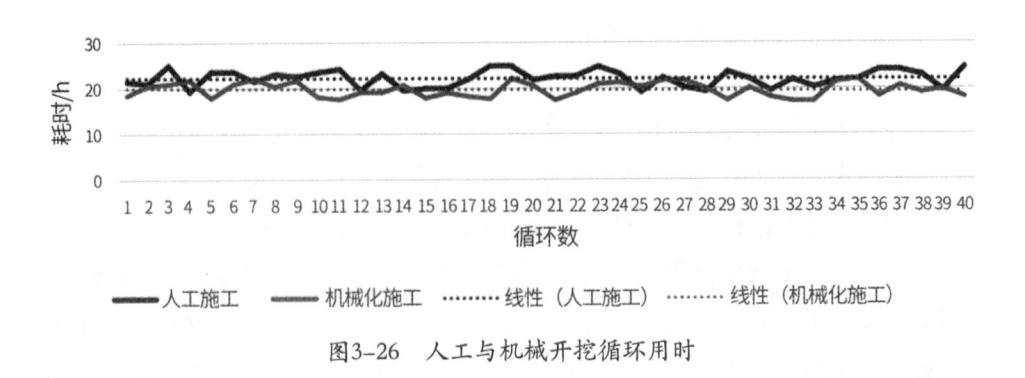

图3-26　人工与机械开挖循环用时

2024年1月10日—20日大机施工30 m（含仰供），开挖4445.1 m³，成本合计253 798元，开挖综合单价为57.1元/m³。

2024年2月21日—3月20日大机施工78 m（含仰供），开挖11 557.26 m³。成本合计690 277元，开挖综合单价为59.74元/m³。

综合3个月，每月开挖成本均小于人工开挖综合单价（66.22元/m³）。采用微台阶施工方法后取得的经济效益较为显著，见表3-7。

表3-7 三臂凿岩台车开挖单价分析

月份 项目	2024年1月 金额	单价/(元·m⁻³)	消耗比	2024年2—3月(春节放假) 金额	单价/(元·m⁻³)	消耗比	合计(不含前期) 金额	消耗比
开挖方量/m³	4 445.10			11 557.26			15 999.24	
常用配件	776¹	0.4	7‰	28⁵²	0.5	8‰	40⁷⁰	7‰
非常用配件	725⁵	1.3	3%²	665¹⁰	0.9	5%¹	390¹⁶	7%¹
钻具	90⁶	0.2	3‰	50¹¹	0.1	2‰	40¹⁸	2‰
润滑油脂	85⁴	0.1	2‰	55¹⁴	0.1	2‰	40¹⁹	2‰
燃油	440¹	0.3	6‰	15⁶⁴	0.6	9‰	55⁷⁸	8‰
电费	848³	0.9	5%¹	944¹⁰	0.9	6%¹	792¹⁴	6%¹
大机班工费	6432⁴	10.4	8.3%¹	064⁹⁵	8.2	3.8%¹	1496¹⁴	0%¹⁵
装药配合人工费	8902⁸	20.0	5.0%³	1083²³	20.0	3.5%³	9985³¹	9%³³
折旧费	6272²	5.9	0.4%¹	544⁵²	4.5	6%⁷	816⁷⁸	3%⁸
增值费	3827¹	3.1	4%⁵	655²⁷	2.4	0%⁴	482⁴¹	4%⁴
火工品	822⁹	2.2	9%³	3100¹⁶	14.1	3.6%²	2922¹⁷	3%¹⁸
拱架台车摊销费用	4579⁵	12.3	1.5%²	974⁸⁴	7.4	2.3%¹	9553¹³	8%¹⁴
合计/元	253 798			690 277			944 075	
单价/(元·m⁻³)	57.10			59.74			59.01	

3.1.2.10 应用实例

成渝中线刘三寨隧道位于重庆市大足区。进口接路基，出口紧邻刘三寨双线特大桥。隧道起止里程为DK78+875～DK79+691，全长816 m为单面上坡，最大埋深约112 m。隧区属川中丘陵区，主要分布紫红色砂泥岩，为四川盆地典型的红色丘陵地貌，地形起伏较大。隧址区属绝对高程300～510 m，相对高差10～50 m，隧址区地面坡度10°～30°，局部较陡。隧道进出口斜坡较陡。进口接路基，出口紧邻刘三寨双线特大桥。本隧道围岩以Ⅳ、Ⅴ级为主，其中：Ⅴ级围岩总长 436 m，占比 53.4%；Ⅳ级围岩总长 380 m，占比 46.6%。成渝中线刘三寨隧道Ⅳ级围岩采用机械化配套施工，大大缩短了施工工期，为企业创造了经济效益。

3.2 隧道作业线及设备工装配置

3.2.1 隧道作业线及设备工装配置简述

隧道机械化施工目前已经形成了多种机械化施工成套技术和设备配套模式，能满足隧道施工超前地质预报、超前支护、开挖、装运、喷锚支护、仰拱填充、防排水、混凝土衬砌、养护、沟槽、施工通风、辅助作业等 12 条作业线的施工作业，实现机械化快速施工。每条作业线的主要设备配套及施工作业情况如下。

3.2.1.1 超前地质预报作业线

采用意大利卡萨格兰地公司的 C7-T 型多功能地质钻机，该钻机可以实现 360° 任意方向钻进，配备多种型号钻头，取芯深度可达 1000 m，钻孔速度快，取芯 50 m 只需用 8 h，比普通钻机节约一半以上时间，提高了工作效率，加快了施工进度。设计单位根据取芯结果，结合其他预报的结果进行综合分析，出具综合分析报告，确保隧道施工安全。

3.2.1.2 超前支护作业线

采用 C7-T 型多功能地质钻机进行超前管棚施工，可施工 51～158 mm 的中大型管棚，最大钻孔深度 50 m，能进行全断面注浆、深孔锚杆、水平高压旋喷作业；采用阿特拉斯 XE3C 三臂凿岩台车进行中管棚或者超前小导管施工。

3.1.2.3 开挖作业线

采用阿特拉斯 XE3C 三臂凿岩台车掘进、人工辅助装药的开挖模式。三臂凿岩台车可进行钻爆孔、锚杆孔、管棚支护、超前探孔、注浆孔、装药、锚杆安装、注浆，以及安装风管等作业。与传统人工开挖相比具有以下优势。

三臂凿岩台车只需 4 个操作手和 8 个炮工，节省了大量人力，轻易实现以机代人，降低人工成本。

三臂凿岩台车成孔速度快。对于 4 m 以内孔深，从凿岩机定位到结束平均只要 2 min，循环进尺 3.5 m，可节约 1.5 h，特别是在硬岩施工中，优势尤为明显。

三臂凿岩台车操作人员的劳动强度低，施工过程安全环保，掌子面噪声小、空气清新，视线较好，简洁整齐，大大促进了掌子面的文明施工。

三臂凿岩台车钻孔孔径较大，方便清孔和装药。

三臂凿岩台车很容易按照设计要求施工径向锚杆，进行超前小导管、管棚的钻孔与安装，完全满足工程质量和安全要求。

3.2.1.4 装运作业线

采用无轨运输方案，利用装载机、挖掘机配合自卸车装运渣。一般配置2台装载机，满足要求数量的自卸车配合出渣，1台挖掘机进行找顶及清底。

3.2.1.5 喷锚支护作业线

采用拱架安装机、锚注一体机、湿喷机械手。立架作业现场配置1台拱架安装机，8名工人辅助安装型钢钢架、锚杆及钢筋网。拱架安装机具有降低作业人员劳动强度，提高拱架安装速度及安装质量等优点。锚杆施工采用锚注一体机作业，施工前，操作手将锚杆参数预输入系统；施工时，一名操作手在驾驶室操作设备完成单根锚杆施工的各工序，另一名操作人员主要完成注浆工序。单根树脂卷预应力锚杆施工的全工序用时只需 5~6 min，定位、钻深及预应力施加均由系统自动控制，施工精度高，质量稳定。小导管施工采用三臂凿岩台车钻孔，人工配合安装。喷射混凝土采用TSR500型湿喷机械手，配置1名机械手操作工及2名辅助工人。该设备通过操作遥控器控制喷射头进行喷射混凝土作业，具有喷射速度快（约 30 m^3/h）、喷射混凝土密实、所需劳动力少等优点，极大地提高了喷射混凝土的速度及质量。

3.2.1.6 仰拱填充作业线

采用全自动液压移动栈桥。仰拱施工采用有效施工长度为24 m的自行式仰拱栈桥分段施工，自带仰拱腹模系统，实现弧形仰拱一次浇筑成形。在使用过程中操作灵活、稳定性好、自动化和机械化程度高，栈桥直接跨过仰拱施工作业段，解决了仰拱作业和隧道开挖出渣、初支施工、运输工序的互相干扰问题，各车辆及施工人员在栈桥上行走时，栈桥下可同时进行仰拱初期支护、钢筋绑扎、衬砌及回填工序的施工，实现掌子面开挖与仰拱施工平行作业，提高隧道施工整体效率。

3.2.1.7 防排水作业线

采用半自动防水板及钢筋绑扎综合作业台车。半自动防水板铺设及钢筋精准定位绑扎台车具有以下优点：能够轻松控制防水板铺设松紧度，加快防水板铺设进度，提高防水板施工质量，有效提高衬砌防水层质量；防水板铺设与二衬钢筋绑扎合二为一，有利于二衬步距的控制；防水板自动提升并展开，能够降低作业人员的劳动强度并提高铺设效率；台车设置有钢筋精准定位装置，能够提高二衬钢筋绑扎精度。

3.2.1.8 混凝土衬砌作业线

采用智能化衬砌模板台车。衬砌采用有效长度为 12 m 的智能化模板台车，拌和站集中拌制混凝土，由混凝土罐车运输，分窗泵送入模。施工过程中充分利用高分子堵头模板、软搭接、气动振捣、分窗入模装置、带模注浆、灌注报警装置、V 形槽等小型工装，确保施工质量。

3.2.1.9 养护作业线

采用自动温控养护台车和喷淋养护作业台车。自动温控养护台车实时检测混凝土表面温度，并调节养护水温，确保养护水与混凝土表面温差在设定范围内，并将符合温度要求的水喷洒到整个隧道二衬混凝土表面，降低混凝土开裂风险，提高混凝土强度；自动喷淋养护台车设置定时装置，每 2 h 自动进行喷淋养护，保证衬砌混凝土养护到位，防止混凝土出现裂纹，确保混凝土强度。

3.2.1.10 沟槽作业线

采用整体式液压水沟电缆槽台车。液压水沟电缆槽台车长 12 m，采用整体钢模设计，模板刚度大、稳定性好，具有施工质量高、劳动强度低、周期短、作业人数少、自动化程度高、节能环保、施工干扰小等优点。

3.2.1.11 施工通风作业线

采用超高风压变频式轴流风机。该风机是无极调速智能变频节能轴流风机，配置低漏风率的风管，设置智能管理系统，智能判断环境变化对人员的影响，自动、实时调节作业面需风量，保障工作人员健康作业环境，有效降低劳动强度。

3.2.1.12 辅助作业线

配备破碎锤、铣挖机、3D 扫描仪、敲击检测作业台架等设备，进行断面测量、欠挖处理、缺陷整治等工作。

3.2.2 典型案例

在诸多项目中，郑万铁路项目双线软弱围岩全断面双机双洞施工模式、成渝铁路项目双线软弱围岩微台阶单机单洞施工模式、川藏铁路项目单线隧道全断面小间距群洞施工模式代表了大型机械化钻爆法施工的3种大机配置模式。各类大型机械配置中凿岩台车的配置尤为重要，合理的设备配置是项目大型机械化施工效率与成本目标实现的决定性因素之一。

3.2.2.1 铁路双线全断面双机双洞施工（郑万铁路）

特点：断面大，钻孔范围广；单机作业凿岩台车钻臂有效覆盖范围有限，钻孔作业效率低下，工序时间长，双作业面间工序冲突概率高；设备作业强度高，设备故障频发。

采用双机配置，钻孔作业效率明显提升，且双作业面可以保证设备正常作业台班，避免设备闲置的同时，确保设备足够班前班后设备维护保养，钻孔工序可以保证在120 min左右。

郑万铁路隧道机械化施工大型设备配备见表3-8。

表3-8 隧道机械化施工大型设备配备（郑万铁路双线）

序号	作业工序	设备名称	基本配置方案	
			型号	数量
1	超前地质预报作业线	C6型多功能钻机	C6型	1台
		三臂凿岩台车	BOOMER XE3C	1台
2	超前支护作业线	C6型多功能钻机	C6型	1台
		三臂凿岩台车	BOOMER XE3C	1台
3	开挖作业线	三臂凿岩台车	BOOMER XE3C	2台
4	装运作业线	装载机	小松380	2台
		挖掘机	小松220	1台
		自卸汽车	≥25 t	5台
5	喷锚支护作业线	混凝土湿喷机械手	TSR500	2台
		三臂轮式拱架安装台车	XZGT313B	1台
		锚注一体机	MT21	1台
		空压机	28 m³/min	3台
6	仰拱填充（铺底）作业线	自行式仰拱栈桥+全弧形模板+填充模板	ZLYGTC-12×2	1套
		止水带对夹模板	—	2套
		钢筋卡具	12.1 m	4套
7	防排水作业线	半自动钢筋防水板台车	FSB TC-6	1台
		简易钢筋台架	12 m	1台

(续)

序号	作业工序	设备名称	基本配置方案 型号	基本配置方案 数量
8	衬砌作业线	衬砌模板台车	12.1 m	1台
8	衬砌作业线	混凝土输送车	8 m^3	5台
8	衬砌作业线	混凝土输送泵	60 m^3/h	1台
8	衬砌作业线	混凝土集中拌和站	180 m^3/h	1座
9	二衬养护作业线	二衬喷淋养护台车	12 m	1台
10	沟槽作业线	整体式液压水沟电缆槽台车	12 m	1台
11	施工通风作业线	轴流式通风机	132 kW	1组
11	施工通风作业线	轴流式通风机	110 kW	1组
11	施工通风作业线	55 kW 射流风机	55 kW	1台
12	辅助作业线	破碎锤	小松 220	1台
12	辅助作业线	铣挖机	MB-R700	1台
12	辅助作业线	3D 扫描仪	8TK-PCAS	1台
12	辅助作业线	敲击检测作业台架	6 m	1台

3.2.2.2 铁路单线全断面小间距群洞施工（川藏铁路）

特点：断面小，单机作业可有效保证钻孔效率；围岩强度等级高，设备损耗增加；超前、锚杆等工序频繁，设备占用率高，单机双洞无法保证工序正常开展。

在3个作业面配置2台凿岩台车，钻孔工序可以保证在120～150 min 的时间完成，由设备原因造成工序延误的概率较小，且可以有效保证设备班前班后维护保养。

川藏铁路隧道机械化施工大型设备配备见表3-9。

表3-9 隧道机械化施工大型设备配备（川藏铁路单线）

序号	作业工序	设备名称	基本配置方案 型号	基本配置方案 数量
1	超前地质预报作业线	C7 型多功能钻机	C7-T 型	1台
1	超前地质预报作业线	三臂凿岩台车	BOOMER XE3C	1台
2	超前支护作业线	C7 型多功能钻机	C7-T 型	1台
2	超前支护作业线	三臂凿岩台车	BOOMER XE3C	1台
3	开挖作业线	三臂凿岩台车	BOOMER XE3C	1台

（续）

序号	作业工序	设备名称	基本配置方案 型号	基本配置方案 数量
4	装运作业线	装载机	ZLYGTC-12×2	1台
		挖掘机	小松220	1台
		自卸汽车	≥15 t	5台
5	喷锚支护作业线	混凝土湿喷机械手	TSR500	1台
		三臂轮式拱架安装台车	XZGT313B	1台
		锚注一体机	MT21	1台
		空压机	28 m³/min	2台
6	仰拱填充（铺底）作业线	自行式仰拱栈桥+全弧形模板+填充模板	ZLYGTC-12×2	1套
		止水带对夹模板	—	2套
		钢筋卡具	12.1 m	4套
		矮边墙顶压板	12.1 m	2套
		摊铺整平一体机	液压仰拱栈桥	1套
7	防排水作业线	半自动钢筋防水板台车	FSB TC-6	1台
		简易钢筋台架	12 m	1台
8	衬砌作业线	衬砌模板台车	12.1 m	1台
		混凝土输送车	8 m³	5台
		混凝土输送泵	60 m³/h	1台
		混凝土集中拌和站	120 m³/h	1座
9	二衬养护作业线	自动温控养护台车	12 m	1台
10	沟槽作业线	整体式液压水沟电缆槽台车	12 m	1台
11	施工通风作业线	轴流式通风机	110 kW	6组
		轴流式通风机	315 kW	3组
12	辅助作业线	破碎锤	小松220	1台
		铣挖机	MB-R700	1台
		3D扫描仪	8TK-PCAS	1台
		敲击检测作业台架	6 m	1台

3.2.2.3 铁路双线大断面微台阶单机单洞施工（成渝铁路）

特点：围岩破碎，自稳能力差，全断面施工坍塌风险高；上下台阶施工，单作业面钻孔范围相对较小，单机钻孔范围可以满足要求；超前、锚杆工序设备占用率高,设备闲置率低。

单机单洞配置,钻孔工序为120~150 min,效率可控。

3.3 作业指导书

3.3.1 三臂凿岩台车

3.3.1.1 设备参数

三臂凿岩台车主要参数见表3-10。

表3-10 设备主要参数(阿特拉斯凿岩台车)

序号	项目	参数
1	外形尺寸:(长/mm)×(宽/mm)×(高/mm)	17 362×12 926×13 664
2	有效作业:(高度/mm)×(宽度/mm)	12 900×17 400
3	有效作业面积/m²	206
4	爬坡能力/(°)	14
5	行驶速度/(km·h^{-1})	17
6	液压系统额定压力/bar	230
7	钻孔速度/(m·min^{-1})	3.5 m/min(ϕ45 mm孔径)
8	整机质量/kg	48 900 kg
9	钻机马达扭矩/(N·m)	640
10	转弯内径/mm	5 900 mm
11	转弯外径/mm	11 450 mm
12	凿岩机额定功率/kW	22
13	发动机功率/kW	155
14	电气总输入功率/kW	237
15	水泵排量/(L·min^{-1})	200(15 bar)

注:1 bar=10^5 Pa

一般三臂凿岩台车作业时钻臂覆盖面积都可达198 m²,钻孔直径范围为41~102 mm,钻孔速度达到3.5 m/min。

3.3.1.2 操作流程

施工准备→凿岩台车就位→起动液压系统→炮眼施钻→凿岩台车退场→凿岩台车保养。设备使用工艺流程见图3-27。

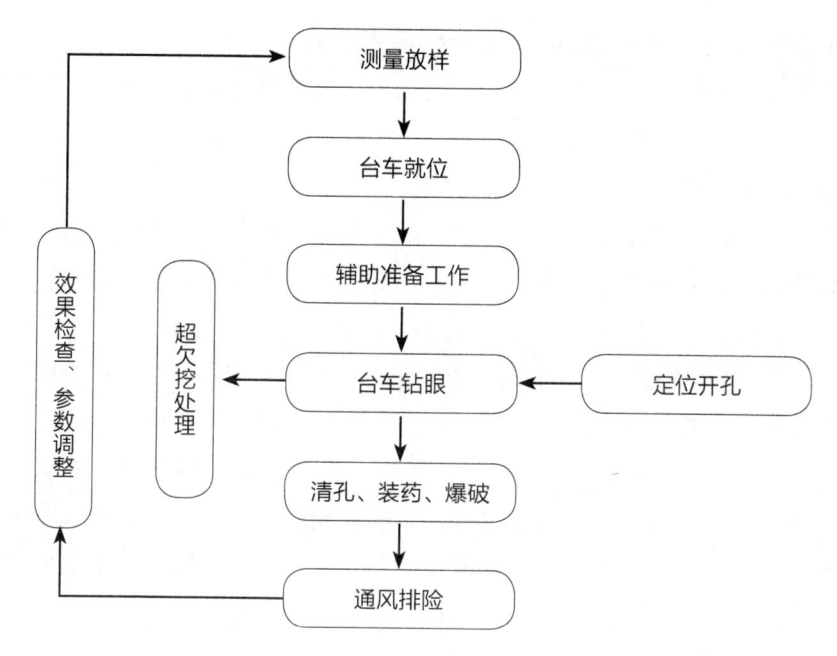

图3-27 三臂凿岩台车施工工艺流程

3.3.1.3 劳动力组织

施工人员根据施工方案和现场实际情况，结合工期要求进行人员的合理配置，见表3-11。

表3-11 设备人员配备

人员工种	数量	
	单线隧道（单机）	双线隧道（双机）
设备操作人员	3	6
设备保养人员	3	3
机械技术员	1	1
装药人员	6	8
合计	13	18

3.3.1.4 操作注意事项

1. 施工准备

掌子面出渣完成后，进行排险和场地平整作业，具体要求如下。

（1）清除掌子面和开挖面周边岩壁上松动的危石和隧道底部松动的石

渣，平整场地，保证施工安全，便于台车钻孔作业。

（2）顺坡作业时，挖好掌子面底部及左、右两侧边墙处的水沟；反坡作业时，在掌子面底部中心挖出水坑，使用相应扬程的污水泵，及时排除钻孔作业时的施工用水。

（3）平整好底板的石渣（块度较大的、有尖锐棱角的，要清理出去，以防扎破轮胎），要求摊铺平整，并用挖掘机履带碾压密实，便于台车行走、定位及钻孔作业。

（4）做好文明施工，主要用细渣铺垫，并碾压密实和平整，铺平洞内施工道路，并派专人及时养护，便于台车在洞内行走以及其他施工车辆通行。

（5）台车开挖使用的水管、电缆线要及时接长，紧跟开挖，并保持合适的距离。出现问题时，要及时修理，不能影响施工。水管及电缆线宜采用专用快速接头连接，以节约开钻前准备时间。火工品要及时从火工品库房领取，加工炸药及装药、连线用的小型机具等必须准备好，放在洞内合适的地方。洞内的照明和通风也要紧跟开挖，保持合适的距离，以保证掌子面前有足够的光线和新鲜空气，方便施工。

2. 台车就位

准备工作做好后，台车司机分别驾驶 2 辆台车一前一后向掌子面方向行驶，在台车上由专人操作电缆卷筒及水软管卷筒，释放电缆线及水软管，后边由专人负责调整电缆线及水软管的位置，摆放在洞内合适的地方，同时由专人负责将水软管接在洞内水管上，将电缆线接在开关站上。台车行驶的过程中，前方由专人负责清理路上块度较大的石块及有尖锐棱角的石块，以防扎破台车轮胎。台车行驶时，速度要低于 5 km/h，注意观察台车在隧道中的位置，最后将 2 辆台车分别停在掌子面前合适的位置（位置要方便台车钻孔作业，司机可根据现场情况自己掌握）。当台车行驶到掌子面前合适位置后，停下来，使其伸开支腿，支撑在地面上。同时，注意观察台车上的小型水准仪，使前、后、左、右方向在同一水平面上，即完成台车定位。

3. 钻孔

准备工作：开钻前准备工作做到"四查"，即查钻机是否正常；查水软管到位情况和牢固情况以及电缆线是否接好，电压是否正常；查钻头、钻杆等工具是否带齐；查消耗材料有无备用。

定位：由工班长根据队部技术人员给定的爆破设计图，将每辆台车的钻孔平面图导入台车电脑系统，由台车随机配备的全站仪自动进行导航定位。

开孔、钻进：台车钻进主要有以下两种模式。

（1）半自动模式。通过计算机软件创建布孔图，使用 Wi-Fi 或 U 盘传输数据，使钻孔位置和外倾距离显示在屏幕上，使推进梁位置和外倾距离显示在屏幕上；人工移动大臂和推进梁对准布孔图上的孔位后开钻。注意事项：根据输入台车的钻孔平面图开孔、钻进。

调整好开孔位置及开孔方向，保证钻孔方向误差在合理范围内，注意推进梁顶定盘必须贴紧岩面。接着再使用低冲击压力开孔。钻孔时，要注意不得随意改变推进梁的方向，以免折断钻杆。钻进中应根据围岩软硬情况，合理调节钻机的回转、推进和冲击速度，以加快钻进速度。特别注意不得盲目使用高冲击，以免损坏钻机。

（2）自动模式。在计算机上创建布孔图和钻孔顺序图，通过 Wi-Fi 或 U 盘传输数据；钻臂按照顺序图自动钻孔；钻孔数据自动记录并存储。

钻孔完成后，凿岩机自动退回，并开启冲洗，将孔内剩余的岩粉用高压水冲出孔外。在钻孔作业中，通常由 1、3 号臂负责周边孔、内圈眼、压顶眼，2 号臂负责掏槽眼、底板眼。在实际过程中，钻孔顺序及钻孔位置也可根据情况进行调整。注意 6 个臂之间的协调与配合，不能出现臂与臂之间的碰撞，以免损坏臂。

4. 台车退出

完成装药、连线后，台车即可退出（退出前一定要切断电源和水管），一边退，一边卷好水软管、电缆线，收拾好其他材料机具（施工小型机具、抽水机、剩余的炸药等），最后将台车退至洞外进行当班保养。

5. 当班保养与检修

保养班组接到调度指令后，及时与开挖班组对接，询问和了解开挖过程中凿岩台车机况。保养班组根据实际机况以及维修保养计划对设备进行维修保养，并记录在案。

3.3.1.5 凿岩台车保养与检修

1. 保养与检修规定

制订详细的凿岩台车维修、保养操作规程和维修保养报表，完善凿岩台车的管、用、养、修的各项规章制度。建立健全各种基础资料的管理制度。

凿岩台车的维保过程必须进行记录，将维修、保养项目的处理方法及过程记录、存档，以便总结、查询，在以后的维修中作为参考。

每循环后都要有固定保养班组按照"1+1"的维修保养管理模式对凿岩台车进行保养和检修。

每月应对凿岩台车各系统进行状态评估。对设备的管、用、养、修各环节的情况进行充分评估，总结当月设备状况，提出相应措施，并下达下月维修保养计划。

保养与检修必须坚持"预防为主、经常检修、强制保养、养修并重"的原则，采用日常保养和定期维修保养相结合的方式。

按照生产厂家提供的设备维修保养指南制订强制性的保养与检修计划。

维保人员必须经过相关专业的培训后持证上岗。

凿岩台车长期停止运行时，需定期进行维护、检查和保养。

2. 新机保养

紧固柴油机安装螺栓、进气和排气歧管螺栓，检查吸气软管和连接情况，紧固泵安装法兰的螺栓，检查凿岩机所有螺栓的拧紧扭矩，拧紧所有松开的连接螺栓，检查并重新拧紧车轮的螺栓和螺母，检查告警系统和停机系统的运行情况，检查空压机的运行温度，检查空压机的空气滤芯，检查滑环的电气连接的紧固度，检查滑环电刷的对准情况，重新检查扭矩元件的扭矩，检查扭矩元件限位开关的功能，根据回油指示器的指示情况更换回油滤芯。

3. 整机日常保养

紧急停机开关和蜂鸣器的运行状况及检修，工作灯、行驶灯的工作状况及检修，各种仪表的功能情况及检修，整车各处漏油情况及检修；整台台车的清洁，灭火器状态控制，所有导线（接线柱）连接的紧固度及检修。

4. 底盘检修保养

检查空气滤芯、燃油油位、液压油油位和传动箱油位，向水箱加水，检查轮胎状态/压力、底盘加注黄油点、桥差速器油位、蓄电池电解液液位、传动箱油滤芯，调整制动盘间隙和安全制动器，检查空气滤芯、液压油、传动箱油、燃油滤芯，检查进气侧的软管/夹具、排气催化净化器、桥差速器中的油。检查过程中如发现问题，及时进行维修处理。

5. 发动机检修保养

日常检修内容：检查是否漏油，检查冷却液液位，检查柴油机油位，检查蓄电池和导线连接，检查冷却系统。

定期检查与更换：更换柴油机机油，更换柴油机机油滤芯，变更冷却液添加剂浓度，检查柴油机安装，检查柴油机三角皮带，更换燃油滤芯，清洁燃油预净器，检查电热塞，检查进/排气阀间隙、检查燃油系统。

6. 空压机检修保养

日常检修内容：检查故障指示灯和油位，检查是否有漏油点，清洁回油管滤网，检查空气滤芯，清洁冷却器外部，检查软管状态和电动机连接，检查温度表停止触点的工作状态。

定期检查与更换：更换机油滤芯，清洁空压机内部，更换机油滤芯、皮带、进气阀密封圈和排气阀密封圈。

7. 凿岩机检修保养

日常检修内容：检查凿岩机的安装螺栓；检查钎尾润滑、钻机漏油状况；检查钎尾状况，钻头状况，冲洗头螺栓、油管和连接件状态，冲洗密封圈状态（钻孔期间）；检查张紧螺栓、蓄能器螺栓、旋转马达螺栓、蓄能器充气压力；检查冲洗头的密封和轴承。

定期检查与维保：检查钎尾后套、旋转套、连接套、隔板、钎尾套、活塞冲击端；同时更换钎尾、蓄能器充气阀和盖，进行凿岩机解体保养。

8. 推进梁检修保养

所有螺栓、螺母的紧固检查、清洁，冲洗推进梁，检查推进油缸和卡钎器，清洗扶钎器轴套，检查推进钢缆的状态并紧固，检查油管、连接脉冲油缸和装配橡胶顶头滑动板的状态，调节油管卷盘防磨条状态。

9. 大臂检修保养

检查润滑所有的黄油点，所有螺栓、螺母的紧固，检查大臂防尘刮环（大臂伸缩段），检查油管和电缆的状态，检查油缸销和销套的间隙，检查和调整耐磨板的状态，检查传感器箱，检查电控箱连接，检查摆角限制阀的功能（触头阀）。

10. 液压系统检修保养

目视检查液压油油位，根据指示器的指示更换压力滤芯，检查压力表工作状态，检查油的含水量，检查液压油箱的呼吸器滤芯；根据指示器的指示更换回油滤芯、液压油箱液压油、油冷却器芯；检修破损管路、漏油点。

11. 钻机润滑系统检修保养

检查气水分离器，检查钎尾润滑器，检查钎尾润滑器油位，检查压力开关，检查压气控制阀，检查钻机润滑效果，定期清洁钎尾润滑器油箱。

12. 排渣管路检修保养

及时冲洗泥水分离器，检查调压阀和油冷却器的工作状态，检查增压泵的工作状况。

13. 吊篮臂检修保养

检查液压油管管路，若吊篮触碰地面，检查稳定性及油缸销和吊篮连接销；检查润滑销和轴承，检查安装在固定架上的大臂，检查臂举升连接销锁定，检查举升油缸连接销锁定，检查稳定油缸连接销锁定，检查稳定油缸连接销锁定和球轴承座，检查吊篮连接销锁定，检查液压压力，检查摆动耳焊接，检查伸缩油缸连接销锁定，检查稳定油缸吊篮端固定耳焊接，检查摆动油缸连接销锁定，检查载荷降低阀的功能，检查大臂臂管的状态。

3.3.1.6　附表

三臂台车检修保养台班报表见表3-12。

三臂台车检修保养 50~100 h 报表见表3-13。

三臂台车检修保养 250~500 h 报表见表3-14。

三臂台车检修保养 1000~2000 h 报表见表3-15。

三臂台车周检查报表见表3-16。

三臂台车作业循环记录表见表3-17。

表3-12　三臂台车检修保养台班报表

管理号码：　　　　　　　机型：　　　　　　　　　　　　　　　日期：

设备名称：三臂凿岩台车	型号规格		
今天发动机运转小时：	发动机累计运转小时：		

序号	检查部位	检查内容	是否正常或完成	
			是	否
一	底盘部分			
	发动机	机油量		
	液压油箱	液压油量		
	液压油滤芯	指示牌		
	空气滤清器	灰尘量		
	燃油箱	燃油量		
	整车	清洗		
	液压胶管	破损及泄油		
	轮胎	磨损情况		
	操作盘	警报灯		
	制动系统	行车驻车制动性能		
	全车灯光、电瓶及其警报	灯光是否齐全、电瓶固接是否良好、极柱有无氧化物		
	冷却液液位	液位是否在MAX位置		
	检查凿岩机COP油	油位是否均在满标线位置，溢流口有无溢流黄油		
二	钻臂部分			
	推进梁扶钎器、顶盘、橡胶盘	松紧度及磨损情况，涂油及移动力		
	推进、旋转、冲击压力	压力设定值、压力稳定性、压力响应情况等是否正常		
	软管夹持器	软管的松紧度适中，不悬垂		
	钢皮、钢丝轮滑轴承	无渣石、无偏斜，松紧度适中		
	空压机	油位		
	销轴及润滑油嘴	各润滑油嘴是否齐全，润滑是否良好，间隙是否正常		
三	凿岩机			
	1号凿岩机冲击小时	50～100 h		
	2号凿岩机冲击小时	250～500 h		
	3号凿岩机冲击小时	1000～2000 h		
	冲洗水连接板	拧紧		
	冲洗软管	拧紧		
	液压胶管	拧紧		
	齿轮箱	符合EP2标准的润滑脂		
	凿岩机钎尾和铜套	钎尾及前导向套之间有无空气，有无润滑油溢出		
	钻杆与凿岩机连接内螺纹	螺纹是否完好，无裂纹		
	凿岩机蓄能器	蓄能器充氮嘴是否完好，压力是否正常		
	凿岩机前端溢流孔	有无冲洗水从前端溢流孔渗漏，是否漏油		

机械技术：　　　　　　保修班长：　　　　　填报：

表3-13 三臂台车检修保养 50~100 h 报表

管理号码：　　　　　　　　机型：　　　　　　　　日期：

设备名称：三臂凿岩台车	型号规格			
发动机累计运转小时：				
凿岩机累计冲击小时：				
检查部位	检查内容	是否正常或完成		备注
^	^	是	否	^
凿岩机冲击或发动机运转 50 h 检修保养内容					

检查部位		检查内容	是	否	备注
推进梁	拉绳、滑轮和尾绳	检查磨损、张力及润滑情况			
	水软管卷筒	检查润滑、清洁情况			
	螺栓接头	检查紧密性情况			
	滑动件	检查游隙和磨损情况			
	钢皮	检查磨损情况，有无渣石			
	前后扶钎器、胶套	检查并更换磨损、损坏的零部件			
	顶盘	检查磨损情况			
钻臂	所有润滑点	检查润滑、清洁情况			
	软管、油缸、阀门	检查是否有损坏和泄漏			
	螺纹、螺栓接头	检查紧密性			
	液压	检查压力设定			
服务平台	伸缩管	将润滑脂均匀涂在伸缩管			
	螺栓接头	检查紧密性，必要时调整			
	结构部件	是否破裂或损坏			
	操纵杆	是否被固定或受损			
	软管卡箍	检查润滑、清洁情况			
	钻臂连接件、连杆	检查润滑、清洁情况			
	油缸轴承及壳体	检查润滑、清洁情况			
液压系统	通气管过滤器	检查是否堵塞			
	液压油箱	排除冷凝剂			
底盘	空气滤清器	检查并清洁			
	电缆卷盘集电环	清洁并拧紧接头			
	卡盘密封件	检查磨损，必要时更换			
	自动放泄阀	检查是否正常，必要时更换			
	自动润滑	检查润滑脂能否正常流出			
	空调	检查工作情况，必要时更换空滤			
发动机	传动机构	检查油位			
	轮胎	检查轮胎气压			
	灭火器	检查指示灯绿色位置有无损坏			
其他					

（续）

设备名称：三臂凿岩台车		型号规格			
发动机累计运转小时：					
凿岩机累计冲击小时：					
检查部位		检查内容	是否正常或完成		备注
			是	否	
凿岩机冲击或发动机运转 100 h 检修保养内容					
钻臂	旋转执行机构	检查并注油			
发动机	冷却系统	清洁冷却器			
	电瓶连接	清洁并润滑接线端			
	制动系统	检查行车驻车制动器压力			
其他					

机械技术：　　　　保修班长：　　　　填报：

表3-14 三臂台车检修保养 250～500 h 报表

管理号码：　　　　　　　机型：　　　　　　　　　　　　日期：

设备名称：三臂凿岩台车		型号规格			
发动机累计运转小时：					
凿岩机累计冲击小时：					
检查部位		检查内容	是否完成		备注
			是	否	
凿岩机冲击或发动机运转 250 h 检修保养内容					
推进梁	拉绳轮滑轴承	检查磨损情况			
	水软管卷筒	检查磨损情况			
	液压油缸	检查泄漏情况			
	限位开关	检查功能及泄漏情况			
钻臂	支承点	检查损坏与泄漏情况			
	操作平台	彻底检查操作平台			
液压系统	通气管过滤器	更换通气管过滤器			
发动机	灭火系统	防火检查及维护			
	空气滤清器	更换滤芯			
	集中润滑	检查软管和螺纹接头，注入润滑脂			
	传动机构	检查油位，必要时加满			
	轮毂	检查油位，必要时加满			
	车轮螺母	检查力矩并拧紧			
	十字节	检查软管和螺纹接头，注入润滑脂			
其他					
凿岩机冲击或发动机运转 500 h 检修保养内容					
空压机	安全阀	检查是否正常有效			
	空气滤清器	清洗过滤器上的粗粒分离器，必要时更换			
	压缩机	清洗			
	空气罐	换油			
	滤油器	更换压缩机滤油器			
	软管和软管接头	检查磨损情况并清洁			

（续）

设备名称：三臂凿岩台车		型号规格			
发动机累计运转小时：					
凿岩机累计冲击小时：					
检查部位		检查内容	是否完成		备注
			是	否	
发动机	油箱	将冷凝水从油箱中排出			
	发动机悬架	检查所有螺栓力矩并拧紧			
	滤油器	更换滤油器			
	机油	更换机油			
	冷却液	检查抗冻剂浓度			
	空气滤清器	更换安全滤芯			
	制动盘	检查磨损情况，必要时更换			
	驻车制动衬片	检查磨损情况，必要时更换			
	卷盘齿轮	换油并调整滑动联轴器			
	卷盘传动链	检查张力			
其他					

机械技术： 保修班长： 填报：

表3-15 三臂台车检修保养 1000~2000 h 报表

管理号码：		机型：			日期：	
设备名称：三臂凿岩台车		型号规格				
发动机累计运转小时：						
凿岩机累计冲击小时：						
检查部位		检查内容	是否正常或完成		备注	
			是	否		
凿岩机冲击或发动机运转 1000 h 检修保养内容						
钻臂液压系统发动机	旋转执行机构	检查换油				
	回油过滤器	更换回油过滤器				
	油水分离器	更换油水分离器				
	软管和接头	检查软管完整情况，接头有无泄漏				
	燃油过滤器	更换燃油过滤器				
	燃油预滤器	更换预滤器				
	电瓶和电缆	检查连接情况				
	后冷却器	有待排空				
	加热元件	检查其功能				
	传动带	如果超出磨损极限，予以更换				
	发动机垫	必要时更换				
	阀间隙	必要时调整				
	微粒过滤器	清洗				
其他						
凿岩机冲击或发动机运转 2000 h 检修保养内容						
空压机	温度监测器	检查温度监测器				
	分离器芯	更换储气罐中的分离器芯				
	压缩机	检查电气连接				
发动机	曲轴箱通气阀	更换通气阀				
	传动机构	换油				
	轮毂	换油				
其他						

机械技术： 保修班长： 填报：

表3-16 三臂台车周检查报表

管理号码：　　　　机型：　　　　　　　　　　日期：

设备名称：三臂凿岩台车		型号规格			
发动机运转小时：					
凿岩机冲击小时：					
周检查内容					
序号	检查部位	检查内容	检查情况	整改情况	备注
一	发动机部分				
	曲轴箱	油位			
	发动机空滤	清洁度			
	柴油水滤	排水			
	空压机空滤	清洁度			
	空压机皮带	磨损情况			
	蓄电池	电压			
二	底盘部分				
	变速箱	油位			
	液压油箱	排气孔畅通及油位			
	电缆卷筒	电炭刷磨损情况			
	联轴器	黄油嘴加油情况			
	电线缆	磨损情况			
	轮胎螺栓	拧紧			
三	钻臂部分				
	各关节部位	润滑情况			
	油管对接长螺栓	松紧情况			
	滑轮	钢丝绳松紧度以及是否磨损			
	油管卷盘	磨损情况			
	液压油管	是否破损、漏油			
	黄油管	是否破损			
四	凿岩机				
	所有螺栓	松紧情况			按规定的扭矩
	纤尾	间隙是否正常			
	COP油	油位			
五	其他				
	操作系统	工作是否正常,有无异常报警			
	作业报表	填制是否规范			
	整机	清洁度			

检查人员：

表3-17 三臂台车作业循环记录表

管理号码：　　　　　机型：　　　　　　　　　　　　　20　年　月　日

作业地点	（横洞、正洞）	（小里程、大里程）	围岩状况：（级）（类）
设备名称：液压凿岩台车		型号规格	

里程数：发动机累计运转小时：　　　　　　　　　　当班耗电量：

1号凿岩机累计冲击小时：

2号凿岩机累计冲击小时：

3号凿岩机累计冲击小时：

作业项目	作业内容											备注
^	进场时间	画弧起止时间	台车作业时间	装药时间	退场时间	响炮时间	工程清单			操作人员（四级学员填操作手栏）			^
^	^	^	^	^	^	^	数量×孔深	装药量	半孔率	装药人员	操作手机位	学员机位	^
断面掘进											左右	左右	
打管棚或锚杆											左右	左右	
打小导管眼											左右	左右	
存在问题													

(续)

作业地点		（横洞、正洞）		（小里程、大里程）		围岩状况：（级）		（类）
设备名称：液压凿岩台车				型号规格				
里程数：发动机累计运转小时：						当班耗电量：		
1号凿岩机累计冲击小时：								
2号凿岩机累计冲击小时：								
3号凿岩机累计冲击小时：								
启动前准备				作业中、作业后检查				
油位检查	是否正常		采取措施	检查项目	是否正常		采取措施	
	是	否			是	否		
液压油				发动机温度				
发动机柴油				发动机油压力				
凿岩机黄油				转向系统				
发动机机油				制动系统				
防冻液				冲洗头水密封				
空压机油				液压元件油泄漏				
凿岩机COP油				COP油润滑				
				液压油油温				
				冲击压力				
				水压				
				气压				
				放冷却水				
				关闭电瓶				
设备指标								
班完好率					班利用率			
配件材料消耗								
名称	品牌		凿岩机	单位	数量		钻进米数	备注
备注：以操作手填写为主，技术人员监督，台车班下班后交保修班长。								

机械技术： 开挖班长： 填报：

3.3.2　C7型多功能钻机

隧道作为隐蔽工程，在施工过程中，由于前方地质情况不明，经常会遇到断层、破碎带、暗河、高地应力等不良地质体，导致塌方、泥石流、用水、岩爆等地质灾害发生。由于前期的地勘工作受技术水平及经费的限制，在施工前不可能查清隧道围岩的地质情况。随着隧道工程施工的逐步深入，其安全隐患会一一暴露出来。这时需要在施工过程中采取超前地质钻探，对前方不良地质灾害进行准确的超前预报，以便及时修正开挖和支护设计方案，避免施工事故发生。

超前地质钻探方法是在隧道内使用钻机水平钻进，根据钻孔数据推断隧道前方的地质情况。钻孔数量、角度及深度可人为设计和控制。根据钻孔冲洗液颜色、岩粉气味、遇到的其他情况及设备钻进数据的变化预报前方地质情况。超前钻孔由于能够最直接地揭示掌子面前方的地质特征，因此准确度较高，是超前地质预报的一种必不可少的手段。

3.3.2.1　超前地质钻探方法的优点

预报准确度较高，可以反映掌子面前方一定距离的地层岩性、岩体完整程度、裂隙度、溶洞大小、有没有水以及可测水压高低等。

对于煤系地层，可进行孔内煤与瓦斯参数测定，以便采取适宜的防范措施，防止煤与瓦斯突出。

与物探方法相比，超前地质钻探方法具有直观性、客观性，不存在物探手段经常发生的多解性、不确定性，且得到的资料可信度高。

3.3.2.2　人员、设备及钻具配置情况

人员配置情况：钻机操作手每班2人；配合钻杆装卸人员2人；现场技术及管理人员组共2人。

设备及钻具配置：C7-T型多功能钻机1台；57 mm钻杆若干，每节2 m；65 mm钻头若干。

3.3.2.3　施工要求

真实记录超前地质钻探钻进长度。

若超前地质预报正常，超前地质水平钻每个断面钻1个孔即可。

若超前地质预报前方地质条件不好，存在裂隙、溶腔等，每个断面必须钻3个孔。

开挖时预留 5 m 的安全距离，然后必须重新钻探。

钻探前，保证掌子面安全稳定后再施工。

技术保证条件如下：隧道相关管理人员已熟悉设计文件，领会设计意图，做好现场调查和图纸核对工作，对作业人员进行技术交底。

3.3.2.4 施工工艺流程

流程如下：超前地质预报分析—掌子面稳定性观察—钻孔放样布设—钻机就位—钻探—结果分析。

钻进前，对掌子面进行观察，观察掌子面是否破碎掉块，是否存在危险，确保掌子面安全稳定后才能进行放样布点。

当钻 1 个孔时，钻孔布置于开挖面中心位置。当钻 3 个孔时，1 号孔距拱顶 1.5 m，位于断面中线上；2 号孔距拱顶 3 m，距左边墙 1.5 m；3 号孔距拱顶 3 m，距右边墙 1.5 m。

钻机安装就位，调节钻进角度，固定好钻机位置，检查钻机电路、钻杆规格等。

钻孔人员采取必要的安全防护措施，如穿戴安全帽、反光衣、防护手套等工具。

钻孔时人员旁站，随时观察钻进情况、钻进速度、流出渣样等，并进行详细记录，必要时随时调整钻进速度；遇到危险时，紧急撤离掌子面。

现场技术人员填写"隧道超前水平钻记录表"，必要时填表需征求钻机操作人员的意见，认真填写，收集第一手真实资料，将记录结果上报工区技术负责人；若出现异常，上报至项目工程部、安质部，必要时上报设计单位、建设单位等进行处理。根据现场钻探情况以及设备系统收集的钻孔数据情况，详细分析、总结前方地质情况；然后根据地质学知识及 LUS 系统超前预报图形判断围岩岩性及前方是否有溶洞，若有，分析溶洞是否有填充物，是否有大裂隙、水系等关键地质。

3.3.2.5 超前水平钻施作注意事项

超前地质钻探法适用于各种地质条件下的隧道超前地质预报，在富水软弱断层破碎带、富水岩溶发育区、重大物探异常区等地质条件复杂的地段必须采用该法。

C7 多功能钻机超前地质钻探主要采用顶锤或潜孔锤方式。

顶锤方式：在地层硬度小于 100 MPa 或超前深度要求较小时（绝大多数情况下），为方便超前预报施工，同时保证良好的作业环境，均直接采用顶锤超前地质预报；在水压大于 1 MPa 的带水环境中钻进，潜孔锤受到水压影响，工作效率低下，甚至无法工作，此时只能采取顶锤钻进方式。采用该方式，系统可以完整地收集相关参数，在分析软件系统中真实呈现地层状况图形，达到超前预报的目的。

潜孔锤方式：在遭遇地层为 100 MPa 以上的中、微风化花岗岩和火山岩等地层，施工中要求超前 80 m 以上探裂隙水或溶腔、暗河等艰巨任务时，顶锤钻进由于沿途冲击功损失，随着距离增加，钻进效率急剧下降，甚至无法达到要求深度，同时钻具消耗会成倍增加。在此种情况下，选取潜孔锤钻进优势明显：冲击功直接作用于钻头，深度增加不受影响，钻进效率、深度可以得到有效保障；钻杆不直接传递冲击力，消耗小；C7 钻机的水汽混合机构还可以有效降尘，保持较好的操作环境；超前预报系统仍然具备完整的数据采集和分析功能。

二者应合理搭配使用，提高预报准确率和钻探速度，缩短占用开挖工作面的时间。

超前地质钻探应符合下列技术要求。

（1）孔数。断层、节理密集带或其他破碎蓄水地层每循环可只钻一孔。富水岩溶发育区每循环宜钻至少 3 个孔，揭示岩溶时，应适当增加，以满足安全施工和溶洞处理的需求为原则。

（2）孔深。不同地段不同目的的钻孔应采用不同的钻孔深度，C7 多功能钻机的理论钻孔深度为 150 m，推荐超前地质钻探深度为 50 m。钻探过程中应进行动态控制和管理，根据钻孔情况可适时调整钻孔深度，以达到预报目的为原则。在特殊情况下需连续钻探时，一般每循环可钻 30~50 m，必要时也可钻 100 m 以上的深孔。连续预报时，前后两循环钻孔应重叠 5~8 m，具体以项目要求为准。

（3）孔径。钻孔直径应满足钻探取芯、取样和孔内测试的要求，并应符合相关规定。

（4）富水岩溶发育区超前钻探应终孔于隧道开挖轮廓线以外 5~8 m，具体以项目要求为准。

超前地质钻探应符合下列工作要求。

（1）实施超前地质钻探的人员应经技术培训和考核，考核合格后方可上岗。

（2）钻探前，地质技术人员应进行技术、质量交底。

（3）超前钻探过程中应在现场做好钻探记录，包括钻孔位置，冲洗液颜色和流量变化，涌砂、空洞、振动、冲击器声音的变化等。开孔时间、终孔时间、孔深、钻进压力、钻进速度随钻孔深度变化情况、卡钻位置、突进里程等数据可根据 LUS 系统图形分析判断。

（4）应加强钻进设备的维修与保养，使钻机处于良好状态；强化协调和管理，各方应积极配合，缩短施钻时间。

钻孔质量控制可采取下列措施。

（1）采用稳定的固定支架。测量布孔：施钻前按孔位设计图设计的位置用全站仪放线，将开孔孔位用红油漆标注在开挖工作面上。设备就位：孔位布好后，设备就位，接通各动力电源和供风。安装电路要双人操作，确保安全，供风管路要确保无漏气现象。对正孔位，固定钻机：将钻具前端对准开挖工作面上的孔位，调整钻机方位，将钻机固定牢固。开孔、安装孔口管：孔口管必须安设牢固。成孔验收：施钻满足设计要求，经现场技术人员确认验收后方可停钻终孔。

（2）控制钻进方向。钻机定位完毕后，对钻机进行机座加固，使钻机在钻进过程中位置不偏移，做到钻孔完毕钻机位置不变，在钻进过程中应定期检查机器的松动情况，及时调整固定；对钻具的导向装置尽可能加长，并且选用刚度较强的钻杆，从而提高钻具的刚度，减少钻具的下沉量，以达到技术的要求，且不得使用弯曲钻具；当岩层由软变硬时应采用慢速、轻压，钻进一定深度后，应减少换径次数；本循环钻孔完毕后，根据测量结果总结出钻具的下沉量，下一循环钻探时通过调整孔深、仰俯角等措施控制下沉量在设计要求的范围内，以达到技术要求的精度。

（3）准确鉴定岩性及其分布位置。

超前钻探钻进中应防止地下水突出，可采取安设孔口管和控制闸阀等措施，确保工作人员和机械设备的安全，同时应使地下水处于可控状态。

在富水区实施超前地质预报钻孔作业，必须先安设孔口管，并将孔口管固定牢固，装上控制闸阀，进行耐压试验，达到设计承受的水压后，方可继续钻进。对于特别危险的地区，应设置躲避场所，并规定避灾路线。当地下水压力大于一定数值时，应在孔口管上焊接法兰盘，并用锚杆将法兰盘固定在岩壁上。

进行富水区隧道超前地质钻探时，发现岩壁松软或钻孔中的水压、水量突然增大，以及有顶钻等异状时，必须停止钻进，立即上报有关部门，并派人监测水情。当发现情况危急时，必须立即撤出所有受水威胁地区的人员，然后采取措施进行处理。

孔口管锚固可采用环氧树脂、锚固剂，也可采用快凝高强度微膨胀的浆液锚固，锚固长度宜为 1.5~2.0 m，孔口管外端应露出工作面 0.2~0.3 m，用以安装高压球阀。

在富含高温高压水地段进行超前钻探时，可在钻杆前端安装带有止回阀的钻杆，防止高温高压水从钻杆内部排出。为防止高温高压水从孔口管与岩壁间隙及孔口阀间隙流出，应确保孔口管及孔口阀安装牢固；同时为防止高温高压水经钻杆与孔口阀的空隙流出，钻杆与孔口阀之间也应安装带密封的防渗漏装置。

在安装孔口管相关法兰盘时，要确保法兰盘螺栓满上、法兰垫正确安装，使关闭闸阀时孔口管与法兰连接处不漏水；安装孔口管时，引水管应处于下方，便于引水，闸阀应安装在便于操作的位置；安装注浆用球阀时，安装牢靠即可，勿损坏球阀。

安装孔口密封装置要提前确认钻杆退出闸阀时的位置，便于闸阀顺利关闭；终孔撤杆时，为便于闸阀的关闭，需反复用钻机压水冲洗闸阀内细渣；在未确认闸阀彻底关闭前，禁止拆除密封装置。

编制探测报告，内容包括工作概况、钻孔探测结果、钻机 LUS 系统折线图；必要时应附以钻孔布置图、代表性岩芯照片等。

3.3.2.6 超前地质预报图形判断原则

推进力基本不变，扭矩略有增大，同时钻机速度曲线跳动频繁，则地层相对破碎，但岩层种类未改变。

推进力基本不变，扭矩不变，钻进速度曲线跳动非常频繁，则地层裂隙丰富。

钻进速度突然无限增大，推进力几乎为零，扭矩突降至几乎为零，则地层为空洞或溶洞、溶腔。

钻进速度突然大幅升高，推进力几乎为零，扭矩降低明显，则地层基本为夹泥空腔。

钻进速度减小，推进力增大，扭矩基本不变，则地层变硬，相对完整。

钻进速度减小，推进力减小，但扭矩增加明显，地层为松软但含泥量高的塑性地层，排渣困难。

钻进速度减小，推进力变化不大，扭矩增加明显，应该是地层破碎程度严重，塌孔严重。

具体地层情况的准确判断，需要结合具体工程的岩层状况及钻探过程中的辅助记录资料。生成的曲线参数图原则上只有在自动钻进的情况下才具有参考意义，手动操作会造成假象而误判。

3.3.2.7 施工安全保证措施

1. 建立健全安全保证体系

建立健全安全管理组织机构，成立以项目部经理为组长，项目部安全总监、副经理、总工程师任安全领导小组副组长，作业队设安全管理检查小组及专职安全员，从施工、技术两方面保证施工生产安全的安全管理机构。

项目部安全领导小组办公室设在安全生产环保部，各作业队成立安全管理检查小组，并设专职或兼职安全员，负责施工安全检查及监督指导。

坚持"安全第一，预防为主"的方针，建立安全保证体系。从组织保证、思想保证、制度保证、经济保证等诸多方面建立和完善安全保证体系。

2. 强化安全教育

做好安全法制教育和安全技术培训。在开工前对全体施工及管理人员进行《中华人民共和国安全生产法》《中华人民共和国劳动法》及有关安全法律、法规的学习教育，提高大家的安全意识；同时对全体施工人员分专业、多层次地进行安全操作技术规程培训，使大家在施工过程中按照安全规程进行施工；还要对担任重要岗位的专业技术人员进行重点培训，坚持持证上岗。抓好施工现场的安全教育，设立固定的安全宣传标语、安全标示牌和安全警告标志。

3. 落实安全责任制

逐级签订安全生产包保责任状，建立健全各级人员安全岗位责任制，明确各自职责。严格执行奖惩制度，对个别由失职、渎职造成事故的有关责任人员要按有关规定给予严肃处理，直至追究刑事责任。

4. 隧道施工操作规程

建立和完善隧道钻孔施工所涉及的各种操作规程，钻孔前对施工人员进行安全规程讲解和培训，并在施工现场张贴或悬挂相应的施工操作规程。

5. 落实安全责任制

根据安全生产"抓系统、系统抓"的要求，各级领导、各职能部门应按本系统的业务范围实行纵向管理和行业负责，建立严密的安全管理保证体系，实行全员、全过程、全方位的安全生产管理。

3.3.3 锚注一体机

3.3.3.1 概述

锚杆支护是通过围岩内部的锚杆，改变围岩本身的力学状态，在围岩、巷道周围形成一个整体而又稳定的岩石带，利用锚杆与围岩共同作用，达到维护巷道稳定目的的工艺工法。锚注一体机是依据锚杆主动支护理论研发的一种集锚杆施作钻进、锚固、注浆工序于一体的智能化机械设备。

锚注一体机见图3-28和图3-29。

图3-28 单工作臂锚注一体机　　图3-29 双工作臂锚注一体机

3.3.3.2 设备参数

单、双工作臂机型参数见表3-18和3-19。

表 3-18 单工作臂机型参数

序号	名称	参数
1	外形尺寸：（长/m）×（宽/m）×（高/m）	$17.8 \times 2.58 \times 3.6$
2	有效作业：（高度/m）×（宽度/m）	12.7×18
3	爬坡能力/（°）	15
4	行驶速度/（km·h^{-1}）	15
5	凿岩机功率/kW	≥13
6	钻孔直径/mm	41~76
7	锚杆仓容量	8
8	最小转弯半径/m	9.85
9	发动机功率/kW	129
10	电气总输入功率/kW	75
11	适应锚杆长度（不接杆）/m	2.5~4.5
12	适应锚杆长度（接杆）/m	5~16

表 3-19 双工作臂机型参数

序号	名称	参数
1	外形尺寸：（长/m）×（宽/m）×（高/m）	$18 \times 2.8 \times 3.3$
2	有效作业：（高度/m）×（宽度/m）	22×13
3	爬坡能力/（°）	30
4	行驶速度/（km·h^{-1}）	15
5	凿岩机功率/kW	18
6	钻孔直径/mm	41~76
7	锚杆仓容量	10
8	最小转弯半径/m	11
9	发动机功率/kW	154
10	电气总输入功率/kW	135
11	适应锚杆长度/m	2.5~4.5

3.3.3.3 操作流程

上述锚注一体机在用的低预应力锚杆共有 3 种类型，分别为涨壳式低预应力锚杆、内置树脂锚固剂低预应力锚杆和外置树脂锚固剂低预应力锚杆。

各锚杆施作流程见图 3-30、图 3-31 和图 3-32。

1 钻孔、清孔
2 锚杆扳手与锚杆、螺母连接，推送锚杆
3 旋转并打开涨壳头
4 张拉施加预应力，锁紧螺母
5 注浆
6 反转退出锚杆扳手

图3-30 涨壳式低预应力锚杆施作流程

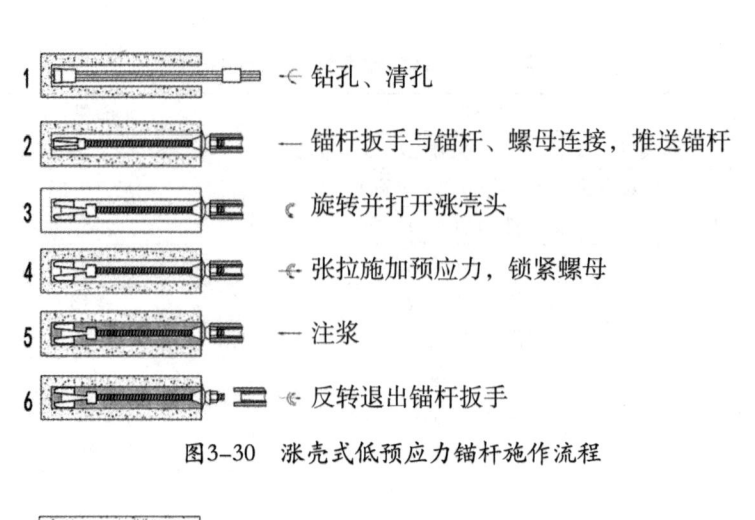

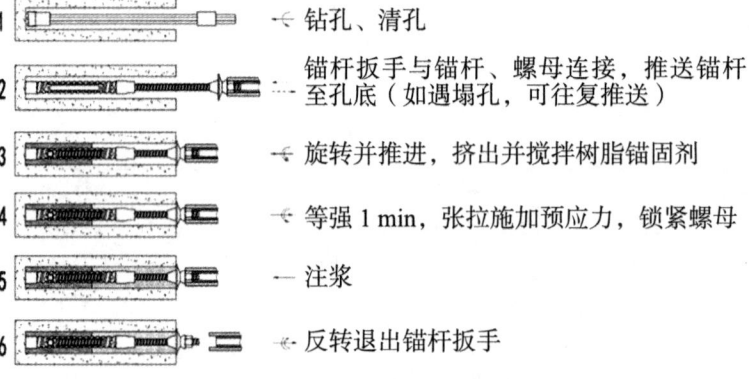

1 钻孔、清孔
2 锚杆扳手与锚杆、螺母连接，推送锚杆至孔底（如遇塌孔，可往复推送）
3 旋转并推进，挤出并搅拌树脂锚固剂
4 等强1 min，张拉施加预应力，锁紧螺母
5 注浆
6 反转退出锚杆扳手

图3-31 内置树脂锚固剂低预应力锚杆施作流程

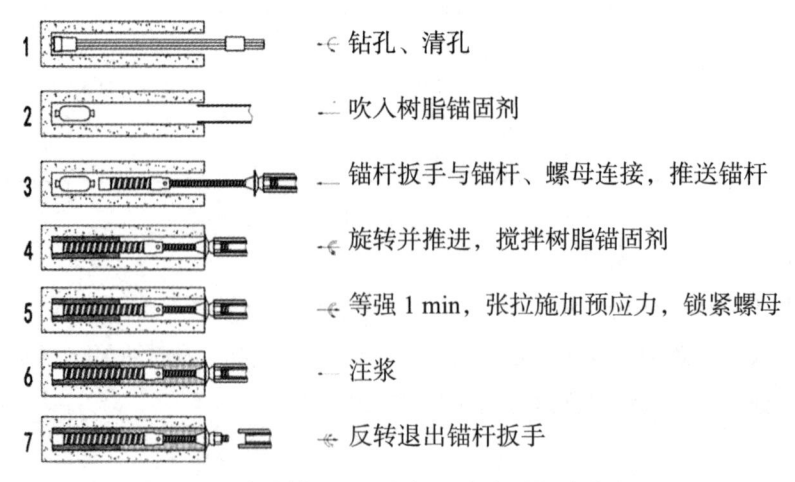

1 钻孔、清孔
2 吹入树脂锚固剂
3 锚杆扳手与锚杆、螺母连接，推送锚杆
4 旋转并推进，搅拌树脂锚固剂
5 等强1 min，张拉施加预应力，锁紧螺母
6 注浆
7 反转退出锚杆扳手

图3-32 外置树脂锚固剂低预应力锚杆施作流程

3.3.3.4 劳动力组织

根据施工方案和现场实际情况，结合工期要求，进行施工人员的合理配置。劳动力配置见表3-20。

表3-20 劳动力配置

序号	工种名称	人员数量	备注
1	设备操作人员	2人	最低配置
2	配合工人	2人	配合工人主要负责施工所需水泥和配套锚杆准备、锚杆组装与安装、操作搅拌桶搅拌水泥等

3.3.3.5 操作说明

1. 施工准备

施作锚杆前必须完成掌子面围岩的封闭或初喷。如为后置锚杆施工，则需在施工位置提前完成高压水及施工用电线路的布设工作。

大批量锚杆施作需提前将配套锚杆和水泥运送至指定位置。

掌子面锚杆施作需根据上一工序时间由施工员安排提前到达指定位置；后置锚杆施作需保证掌子面施工用电量小且施工时间长，可选择掌子面立架或超前支护工序施作。

2. 台车就位

操作台车提前进行施工前设备检查，使其在规定时间内到达指定位置。

台车作业位置基底需平整，前后支腿需支撑到位，保证整机平整。

3. 锚杆安装

通过人工将锚杆涨壳头（树脂锚杆为树脂搅拌片）、锚杆杆体、球头、锚垫板、螺帽等组装完成，并安装到锚杆库内；此工作也可在洞外完成，但在施工现场需将后续需要的未组装锚杆组装到位，待锚杆库内锚杆施作完成后重复安装。

4. 注浆管路清洗及润管

对搅拌机、搅拌桶及注浆管路进行二次清洗，保证注浆系统内无水泥残留，并对注浆管路进行润滑，降低堵管概率。

5. 浆液搅拌

将水泥包装放置于搅拌机振动筛上，划破水泥包装（大片结块的水泥不建议使用），使水泥通过振动筛的振动落入搅拌桶，并注入水（水和水泥的比例为 0.35～0.4），使水泥在搅拌桶内充分搅拌。最理想的浆液流动状态呈牙膏状。

6. 锚杆施工作业

根据测量人员测线放点或技术交底要求，操作手调整好作业臂位置，尽量使推进梁垂直于岩面开孔，对位完成后按各类锚杆施工作业流程完成除注浆外的相应流程，将设备搅拌桶阀门打开，将搅拌好的浆液放入泵送装置，开始注浆工作。待浆液从岩面与锚垫板之间流出后 2～3 s，结束注浆，反转退出锚杆扳手，完成一根锚杆施作。根据泵送装置内浆液剩余量，重复浆液搅拌及锚杆施作过程，完成该循环内的所有锚杆施作。

7. 设备清洗

待所有锚杆施作完成后，对工作装置进行残留水泥清洗，并向搅拌机、搅拌桶内注水，清洗残余浆液并通过排水阀和注浆管路排出，待排出的浆液为清水时清洗结束，将工作臂收至行走位置并断水、断电，回收水管及电缆线，设备从工作面退出。

3.3.3.6 安全操作注意事项

严禁从工作臂上进入吊篮，以防发生意外坠落等事故。

操作手柄时要平稳，切勿急速过猛，以免导致作业臂惯性过大而出现意外事故。

设备在进行作业时，所有人员尽量避免站在起重臂回转索及区域内。起重臂下严禁站人。

操作过程中需注意视觉盲区范围内可能发生的危险。

液压泵启动 4～5 min 后方可操作各操作手柄。

当值人员负责地面及作业过程中的安全监护工作。

当设备系统出现故障，作业臂不能动作时，应及时清洗注浆管路内的水泥，防止堵管，并及时通知专业维修人员进行处理。

在作业过程中，若发现液压系统有异响或突然外漏油液，应立即停止工作，待检查或修复后方可继续工作。

随时注意上方重物落下，以免被砸伤。

上下驾驶平台，必须使用扶手，切勿跳上跳下。

发现机械故障或螺丝松动，必须立即停止作业，进行检查、修理。

在设备运转过程中，液压油油温要控制在 70 ℃ 以下；如果油温超过 70 ℃，要停机降温，待油温降下来后再进行作业。

在设备运转过程中，严禁人员站在液压冷却器出风口或者柴油机出风口处，以防伤人；注意远离柴油机排气管，避免高温烫伤；停机冷却后方可进行维修等相关操作。

锚杆孔钻进和安装时，操作人员不允许离开操作区域。

不应在发动机运转时添加燃料、冷却液、电瓶液和液压油。

3.3.3.7 维护与保养

1. 主体结构的维护与保养

维修作业前准备好梯子及相应的维保工具。

检查台车是否整体漏油、变形、损伤、松缓、脱落、磨损、有异响。

检查电气部件、接线和电缆是否损坏。

检查柴油是否充足，检查油箱排水情况。

检查液压油是否充足，检查回油过滤器是否堵塞。

检查各提示灯、报警器、急停按钮是否完好。

检查锚杆抓手间距和锚杆扳手型号是否与施作的锚杆长度及型号配套，是否需要调整。

2. 液压系统的维护和保养

使用完机器后，需等待机器温度降下来，方可进行机器的检查、维修。即使机器温度降下来，机器内部压力也有可能过高，因此需要小心确认内部压力后再进行检查。在拆除液压管前需要先释放内部压力。

检查液压设备时，勿混入水、灰等异物。

溢流阀的设定压力勿设定为高压。

在组装时需使用干净的工作油。组装完成后，需将外侧的油擦干净，确认没有漏油。

需预先准备接油桶、抹布，便于擦净维修、检查时漏出的油。拆卸液压管时，需准备堵头等防止漏油。

3.3.4 隧道聚能罩管水压控制爆破技术

在钻爆法隧道开挖中，超欠挖的发生往往会给隧道工程的安全、质量、进度和经济效益带来重大影响。隧道的超挖超耗是困扰施工企业的"老大难"问题。

目前常用的控制超欠挖的方法是周边孔采用密集钻眼、孔内空气间隔装药的光面爆破技术。但是随着价格昂贵的数码电子雷管的强制推广使用以及市场上很难采购到实现间隔装药的导爆索，光面爆破技术不仅成本高，而且很难实施。

聚能水压爆破由于聚能管的"气楔"作用，在加大周边孔间距的同时，可以形成平整圆顺的开挖轮廓面，对控制超欠挖具有良好效果。但是常规的聚能爆破是采用通常的聚能管，通过导爆索实现间隔装药的。这种聚能爆破方式不仅现场加工操作麻烦，聚能管价格昂贵，而且也存在市场上购买不到导爆索的问题。

聚能罩管水压控制爆破是在周边孔中采用短节聚能罩管替代常规爆破药卷和导爆索，利用聚能罩的传爆实现间隔装药的方法。这种方法利用聚能管产生的粒子射流动能、高压爆破气体应力及"气楔"作用，形成平整圆顺的开挖轮廓面，对控制超欠挖具有良好效果。通过在中铁五局渝昆高铁项目、中铁上海局杭温铁路等项目现场应用，安全、质量、环保、进度和经济效益显著，经总结已形成完整工法。

3.3.4.1 技术特点

光面爆破效果好。采用短节聚能罩管，既可以实现孔内间隔装药的传爆，又能实现聚能管的切割爆破，光爆效果好。

现场操作很方便。聚能罩管水压爆破现场操作简单，安装方便，不用提前加工，可以很好地协调与民爆公司的关系，具有很强的现场操作性和实用性。

施工安全有保证。聚能罩管水压爆破可减少对围岩的扰动，提高围岩稳定性。

工程质量有提升。因采用聚能爆破，围岩平整度好，曲面圆顺，初支平整度好，提高了初支和防水板铺设质量，防水效果好，同时减少了二衬背后空洞的出现。

施工进度加快。聚能爆破炮眼间距可放大到60～100 cm，减少1/3～1/2的周边孔，钻眼作业时间缩短。采用水压爆破，降尘效果好，通风时间缩短。因减少超挖，可以减少喷射混凝土量，从而缩短喷射混凝土的时间，进而可以缩短开挖循环时间，加快施工进度。

环保节能效果好。采用水压爆破，水雾作用可以减少爆破产生的粉尘量，减少对作业环境的污染，提高洞内空气质量，保证洞内作业人员的身体健康，减少排出洞外的粉尘量，保护洞外的大气环境。因缩短了钻眼、通风和喷射混凝土作业时间，大大减少了空压机、通风机和喷射机械手等机械的运行时间，从而减少了碳排放量。

3.3.4.2 适用范围

本技术适用于采用钻爆法施工的各类隧道的控制爆破开挖。

3.3.4.3 工艺原理

隧道聚能罩管水压控制爆破技术是将聚能爆破、聚能罩传爆、水压爆破三者结合使用的一种综合控制爆破技术。

水压爆破技术利用在水中传播的爆破应力波对水的不可压缩性，使爆炸能量经过水传递到炮眼围岩中几乎无损失，十分有利于岩石破碎。同时，水在爆炸气体的膨胀作用下产生的"水楔"效应有利于岩石进一步破碎，炮眼中有水可以起到雾化降尘作用，大大减少粉尘对环境的污染。炮孔底部的水袋使炸药产生的冲击波通过水袋直接作用在岩石上，可以大大减少炸药能量的消耗，提高炮眼利用率。孔口的水袋在爆炸的作用下会产生雾化作用，可以吸收粉尘，降低爆破后的粉尘浓度，减少爆破后对环境的污染，同时起到堵塞炮眼的作用。

聚能水压控制爆破技术是近几年在水压光面爆破技术的基础上发展起来的一项新技术，其掏槽眼、辅助眼装药结构和爆破方式与水压光面爆破相同。但在周边孔的爆破炸药中加入聚能管，利用线性聚能药管产生的粒子射流动能、高压爆破气体应力及"气楔"作用，将岩石"割缝"，随后炸药爆炸和膨胀气体顺缝隙将岩石爆破，留下光滑圆顺的光爆效果，从而起到放大周边孔孔距、少打孔、少装药、节省雷管炸药的作用，对控制超欠挖具有良好的效果，有效提升了隧道施工质量、进度和经济效益。

聚能罩传爆将聚能管一端加设聚能罩，通过聚能罩替代常规光面爆破炮眼中的导爆索起到间隔传爆的作用，从而实现周边孔的间隔装药。一方面可以降低导爆索的使用成本，另一方面解决了部分地区市场上采购不到导爆索的问题。

3.3.4.4 施工工艺流程及操作要点

1. 施工工艺流程

在聚能罩管水压控制爆破中,其掏槽眼和辅助眼的装药结构、爆破方式、施工工艺流程以及操作要点与常规光面爆破相同,只是周边孔的间距、周边孔的装药结构和周边孔的装药工艺不同。不同的流程主要有:周边孔的炮眼布置设计;周边孔的装药结构设计;周边孔的装药工艺。

2. 操作要点

(1)周边孔的炮眼布置设计要点。周边孔的间距根据围岩软硬情况和层理情况进行动态优化调整。周边孔的炮眼间距一般为 60~100 cm,第一个周边孔距离底角眼 50 cm。周边孔的间距:软岩间距取大值,硬岩间距取小值,岩层破碎带间距取小值。围岩层理发育时:开挖轮廓线与层理斜交 30°~60° 时,间距取 60 cm;斜交 60°~90° 时,间距取 80 cm。周边孔聚能罩管水压控制爆破炮眼布置见图3-33。

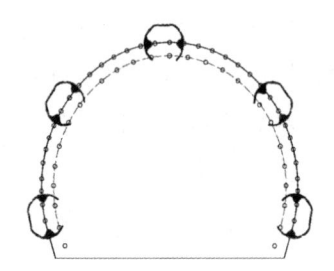

图3-33 周边孔聚能罩管水压控制爆破炮眼布置

(2)将半节炸药装入聚能管。将聚能管开口一端略微用力捏小,方便其套入炸药药皮。然后将药卷全部装入聚能管,直到聚能管孔底,见图3-34。

图3-34 将炸药装入聚能管

（3）将聚能管炸药按装药结构装入孔。按设计的装药结构，用炮杆将水袋和炸药依次按正确方向和间距装入孔。装药要点如下：聚能罩的方向朝外（从孔底逐节向外引爆炸药）；聚能槽的方向沿着开挖轮廓线；用彩色胶带在炮杆上做刻度标识，以便控制聚能管间距为（40~50 cm）。

3.3.4.5　材料与设备

本工法需要的主要材料有聚能罩管和水袋，需要的主要设备有制作水袋的封口机。

3.3.4.6　质量控制

严格控制周边孔钻眼的开口位置、外插角和孔底位置。钻眼控制误差为±5 cm。

孔底一节炸药安装数码电子雷管。

安装聚能管时要保证聚能槽的方向沿着开挖轮廓线。

聚能罩的方向朝外，保证向外传爆。

炮杆上做刻度标识，控制好每节聚能管与前一节聚能管之间的间距。

孔底的水袋和孔口的水袋均要与炸药密贴。

加强施工技能培训，对操作工人的管理按照定人、定机、定位、定量、定时、定责、定奖惩的"七定"原则，提高作业人员能动意识。技术人员加强过程旁站和跟班作业。

根据围岩情况和节理发育情况，及时做到爆破参数的动态调整。

3.3.4.7　安全措施

必须遵守国家颁布的《民用爆炸物品安全管理条例》（中华人民共和国国务院令第466号）中有关购买、运输、使用的规定。

参加爆破施工作业的工程技术人员和其他爆破作业人员应持有国家主管部门颁发的爆破证及安全作业证。

爆破作业应按规定信号（预告信号、起爆信号、解除警报信号）执行；爆破后应检查爆破效果，如有拒爆药包，应按爆破安全规程有关规定及时处理；解除警戒命令发布前，无关人员不得进入爆破现场。

实施爆破时，所有人员应撤离至不受有害气体、振动及飞石伤害的安全地点。安全地点至爆破工作面的距离，应根据爆破方法与装药量计算确定，在独头坑道内不得小于 300 m。

严禁在瞎炮中继续钻眼。出现瞎炮时，必须由爆破人员按规定处理。

装药爆破必须由专人作业，听从现场领工员指挥，每次爆破必须设置安全警戒。严禁摩擦、撞击、抛掷爆破器材。作业现场严禁烟火，每次剩余火工品应由专人检查核对后及时交还入库。

孔内装入起爆药包后，严禁强力捣压起爆药包，禁止强行拉出或掏出起爆药包。装药时必须使用木质炮棍。

起爆 3~5 min 后开启风机，送风排烟 10~15 min 后，爆破负责人和开挖班组长进入现场，检查爆破情况，如有无哑炮、盲炮、掉块等安全问题。如有问题及时汇报，按规范和方案处置，不得私自处理。

3.3.4.8 环保措施

对炸药包装袋、聚能管爆破后的残渣统一回收、统一处理。

将施工及生活垃圾堆放在指定地点，统一及时处理，严禁乱扔乱弃，避免阻塞河流和污染水源。

在隧道洞口和生活区修建沉淀池，施工及生活中的污水或废水要集中进行沉淀或化学处理，经检验符合标准后，才能排放到河流或沟溪中。不准将含有污染物质或可见悬浮物的水直接排入河流。

不得使用不符合尾气排放标准的机械设备。

邻近居民点的隧道施工应合理安排爆破时间，减少噪声扰民。

隧道洞口必须安装通风设备，并按要求开启。

3.4 开挖质量

隧道开挖质量控制是项目成本管控最主要的组成部分。为加强隧道开挖质量控制，提高隧道开挖水平，控制好超欠挖，减少喷射混凝土、二次衬砌混凝土回填量，同时缩短工序时间，加快施工进度，保证施工安全，更好地控制工程成本，项目部根据公司相关文件的要求，结合三臂凿岩台车施工情况，制定了一系列的隧道开挖质量控制管理制度和考核办法，坚持严格实施，并不断进行优化调整。项目部从 2018 年郑万高铁巴东隧道 1 号横洞工区开始，历经张吉怀高铁凤凰隧道进口、九绵高速公路柴呷哩隧道、巴东 348 公路月明山隧道，到在建的川藏铁路拉月隧道 4 号至 6 号横洞工区，开挖质量控制取得了一定的效果，现就具体实施情况及几点经验总结如下。

严格执行钻爆设计及优化（图3-35）：根据前期隧道开挖累积的经验，技术人员结合施工隧道实际围岩情况，制定操作性强的钻爆设计方案，并不断对爆破设计进行优化，对相关爆破参数进行动态调整，解决现场爆破过程中出现的问题。

组织开展培训、学习及总结（图3-36）：组织管理人员和作业人员认真学习公司及项目部关于隧道开挖质量控制方面的相关文件，明确公司混凝土消耗目标，使大家真正认识到良好的开挖质量对隧道施工安全、进度、形象及成本控制的重要作用；组织开挖质量控制相关管理和作业人员进行培训学习，对测量画弧、钻眼质量控制、装药、连线、爆破方法以及光面爆破易出现的各种问题的解决方法进行认真的讲解；邀请西南交通大学爆破专家、教授等外部专家，对项目部现场装药工人、台车操作手、管理人员和技术人员进行隧道爆破技术授课培训，并进行现场指导，提高相关人员的爆破技术理论和现场操作水平，改善施工工艺，提高光面爆破施工隧道成型质量；按照月度周期总结光面爆破的情况和整体超欠挖情况，及时分析存在的问题，提出下月需改进的方向，提出改进措施。

图3-35　钻爆设计及优化　　　　　图3-36　操作手培训学习

抓好测量画弧（图3-37）与断面测量工作：开挖施钻前在作业面画出开挖轮廓线（含底板）、内圈眼线及断面中心线；收集开挖、初支断面，反馈给大机操作手，及时调整钻眼角度；在施工过程中，技术人员根据实测的开挖或初支断面超欠情况，及时调整画弧，交底开挖断面尺寸，以最大限度减少隧道超挖。

抓好开挖质量过程管控工作：对大机操作手和装药人员进行定人定位

（图3-38），严格控制开挖进尺，根据爆破后围岩情况及时制订开挖进尺；领工员在开钻后进行跟班指导，重点检查周边孔和掏槽眼的开眼位置、间距、角度、深度是否与交底相符；钻眼完成后，现场技术员、领工员验孔，合格后开始装药，领工员、班长、爆破员及安全员监督各个眼的装药连线情况，督促爆破工严格按照爆破交底进行装药连线，对不符合爆破安全操作规程的各种情况及时进行指导纠正，控制非爆破操作人员进入爆破作业区，保证爆破作业的安全。

图3-37 测量画弧

图3-38 定人定位

坚持每茬炮及时看炮（图3-39），及时总结分析：每茬炮响炮排烟后，组织大机操作手、装药班班长、技术员、领工员现场看炮，认真分析这一茬炮的爆破效果，并结合围岩的变化情况，对下一茬炮的爆破设计做出相应的调整。爆破后发现较大超挖，无孔痕并在炮孔周围可见爆破裂隙，说明药量偏高，需要调整药量；爆破后光爆出现凹面，说明抵抗线太小，应适当加大光爆层厚度；反之，出现凸面，说明光爆层过厚，应适当减小。

及时更新使用爆破新技术：周边孔使用导爆索，导爆索采用T形连接（图3-40）；炮孔采用炮泥封堵；采用竹片、聚氯乙烯（PVC）管等材料对周边孔进行间隔装药（图3-41）；使用最新的聚能罩管替代单一的水袋水压爆破、单根聚能管，提升开挖质量。

图3-39　及时看炮　　　　　　　　图3-40　导爆索 T 形连接

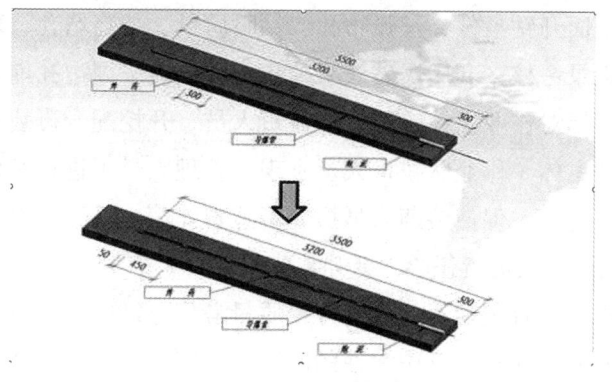

图3-41　间隔装药

提升大机操作手司钻技能水平：建立健全学员及操作手技能等级制度，出台相关评级考核办法，明确学员及操作手等级评定流程、晋级降级机制。通过导师带徒、技能大赛等途径充分调动学员及操作手的工作积极性，营造浓厚的学技练功氛围，每年与对口院校组织继续教育培训班，通过"回炉重造"、经验交流等措施提高学员、操作手的技能水平和综合素质。将隧道平均线性超挖值计入大机操作手档案，严格考核，使学员及操作手不断比学赶超精进操作技术，提高炮眼成孔质量。钻周边孔时，通过将钻孔位置少量内移减少外插角的影响。依据测量放线人员的掌子面的轮廓线，将钻孔孔位定位在轮廓线内侧 1~3 cm，从而减少外插角带来的不利影响。对操作手进行培训，使其按照操作细则和设计要求进行钻孔（图3-42），保证规定的孔位、孔深和倾斜角，并由技术熟练的操作工进行周边孔和掏槽眼作业。

图3-42　操作手司钻

严格落实对作业行为和爆破结果的考核与奖罚：对爆破开挖相关人员交底培训、掌子面开钻条件、画弧布孔、钻眼质量、装药堵孔、现场看炮等作业行为进行记录考核；利用爆破效果的超挖考核值、周边孔炮痕保留率、炮孔利用率等指标对作业主体（大机作业班人员、开挖配合班装药人员、画弧人员）、管理主体（作业队技术人员、现场管理人员）进行考核；对装药人员进行火工品考核，促使装药人员摒弃不节省炸药、雷管，发多少装多少的陋习，提高装药人员的责任心，提升装药质量。

持续改进：每月定期召开隧道开挖质量考核总结会，通报本月超欠挖考核情况，分析开挖质量管理中存在的问题，核实操作手、装药人员工资、奖金发放到位情况，并提出改进措施，以促进开挖质量的稳定提高。

通过这一系列举措，实现了开挖质量稳步提升，隧道超欠挖控制良好，取得了较好的经济效益和社会效益。平均线性超挖控制在Ⅲ级 10 cm、Ⅳ级 12 cm 以内，现场爆破后轮廓圆顺，炮眼利用率和周边炮眼痕迹保留率均在 90% 以上，基本无补炮和炮渣块径过大的现象，见图3-43和图3-44。多个项目多次被业主单位、局指挥部列为样板观摩点，得到了业主单位、局指挥部等上级单位的高度评价。

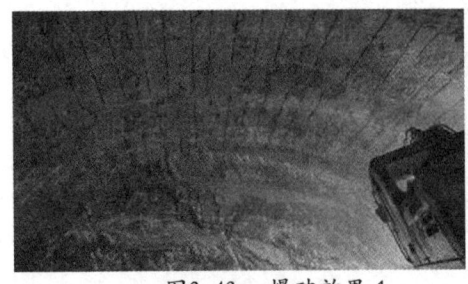

图3-43　爆破效果1　　　　　图3-44　爆破效果2

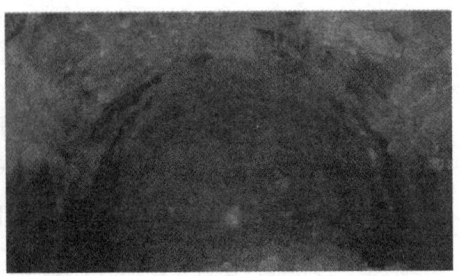

3.5 进度管理

隧道机械化施工进度管理是确保工程按时完成的重要手段。合理的进度计划编制、进度控制和进度分析，可以提高工程的效率和质量，确保项目能够按时交付。在施工过程中，隧道施工进度管理还需要与其他管理措施相结合，如质量管理、安全管理等，以实现工程的整体管理和控制。只有通过科学的管理手段，严格考核，才能更好地提高进度管理水平，完成复杂的隧道施工工程。

3.5.1 进度计划编制

进度计划是工程施工过程中的路线图，是工程项目完成的时间安排。在隧道施工中，进度计划的编制是关键的一步。

3.5.1.1 目标分析

在编制进度计划之前，需要对工程的总体目标、施工方法和资源安排等进行分析。只有清楚了工程的整体情况，才能制订合理的进度计划。项目部需要对公司、具体项目的任务目标情况进行统计分析。

3.5.1.2 进度指标

隧道大机施工在铁路隧道各级围岩的开挖指标见表3-21和表3-22。

表3-21 铁路隧道大机施工正洞工程主要进度指标

（单位：m/月）

项目名称		指标			
		围岩/Ⅱ级	围岩/Ⅲ级	围岩/Ⅳ级	围岩/Ⅴ级
进出口施工正洞	开挖及初期支护	180	135	90	50
	衬砌	180	135	90	50
斜井施工正洞	开挖及初期支护	160	130	85	50
	衬砌	160	130	85	50

表3-22 铁路隧道大机施工辅助坑洞综合施工进度指标

（单位：m/月）

项目名称		指标			
		围岩/Ⅱ级	围岩/Ⅲ级	围岩/Ⅳ级	围岩/Ⅴ级
斜井	开挖及初期支护	250	190	140	60
	衬砌	250	190	140	60
横洞	开挖及初期支护	250	200	150	80
	衬砌	250	200	150	80

3.5.1.3 工期计算

工期计算是进度计划编制的基础。通过对隧道工程各个工序的分析和评估，确定每道工序的时间需求，再根据进度指标，并结合工程的总体目标，得出整个单位工程的工期。

3.5.1.4 进度计划编制

根据工期计算的结果，将工程的施工过程分解成各道工序，并确定工序（开挖支护、仰拱、衬砌）的先后关系和持续时间。在进行进度计划编制时，需要考虑各种不确定性因素，如铁路安全步距、检查、天气、资源供应等。

3.5.1.5 进度计划优化

编制完初步的进度计划后，需要对其进行优化。通过合理调整工序的持续时间，合理配置资源，可以使工程的进度更加紧凑和高效。

3.5.2 进度控制

进度控制是指对施工过程中的进度进行跟踪和管理，以确保隧道工程按计划进行。

3.5.2.1 进度监测

通过实时监测工程进展情况，及时发现偏差和问题，并采取相应的措施进行调整。进度监测可以通过现场巡查、施工进度报表、施工进度软件等多种手段进行。

3.5.2.2 进度报告

根据进度监测的结果，制作进度报告，向项目管理人员和相关方面进行汇报。进度报告应包括工程的实际进度、偏差情况以及产生偏差的原因等。

3.5.2.3 进度调整

根据进度报告和实际情况进行进度调整。对于超前完成的任务，可以提前开始后续任务；对于延迟的任务，需要采取相应的措施，如增加人力、调整优化重点工序施工等。

3.5.2.4 隧道工序循环考核

项目部作业队根据项目实际制订"工序循环考核管理办法"。该办法首先明确在现有资源配置下各道工序的考核时间和奖罚标准。对考核时间进行动态调整，促使各施工班组加强工序管理，缩短工序时间。如某项目考核时间和奖罚标准见表3-23，在考核执行过程中严格落实。

其次，"工序循环考核管理办法"要求作业队在每日交班会上通报工序循环情况，如出现由人为因素造成的掌子面工序脱节和材料供应不及时的情况，对相关责任人进行处罚。分析本日循环出现异常情况的原因，总结单工序节约时间的好做法，制订下一循环时间的保证措施，同时通报本循环的考核结果，每5日兑现一次奖罚。

表3-23 某项目4级围岩开挖作业循环时间及考核

序号	工序	大机开挖时间/min	循环考核奖/罚/元	备注
1	中管棚施工	120	每3循环施工1次	每循环作业时间为1420 min（23.6 h）。每3个循环施工一次12 m中管棚（时间为6 h）
2	测量放线	30	40/40	
3	钻孔	120	—	
4	装药连线	120	270/270	2台三臂凿岩台车钻眼，2台装载机出渣，2台湿喷机械手喷浆，平均循环进尺按3.3 m计，考虑不可预见因素影响，每月生产效率为90~95 m
5	通风	10	—	
6	出渣	300	255/255	
7	清危初喷	70	—	
8	立架	300	240/240	
9	喷浆	270	90/90	
10	清回弹料	80	—	
11	合计	1420	895/895	

3.5.3 进度分析

进度分析是对隧道施工进度进行评估和分析，以提供对隧道施工进展的深入理解。

3.5.3.1 进度偏差分析

通过对隧道施工计划和实际的时间数据进行比较，计算出工程的进度偏差。进度偏差可以用于评估工程的延期程度，并找出延期的原因。

3.5.3.2 进度风险分析

进度风险是指可能导致工程延期的不确定性因素。通过对进度风险的分析和评估，采取相应的措施进行风险应对，以降低工程延期的风险。

3.5.3.3 影响进度的因素

影响进度的因素可以归纳为人为因素，技术因素，材料、设备与构配件因素，机具、水文、地质与气象因素，其他环境和社会因素，以及其他难以预料的因素，即"人机料法环"（人员、设备、材料、工法工艺、环境）5个方面的因素。

3.5.3.4 进度管理的方法

进度管理主要有行政方法、经济方法和技术方法。

（1）进度管理的行政方法是指上级单位及上级领导人、本单位的领导层及领导人，利用其行政权力，通过发布进度指令，进行指导、协调、考核，利用奖罚激励手段监督、督促等方式实现进度控制的方法。

（2）进度管理的经济方法是指用经济类的手段对进度控制进行影响和制约，有以下几种：在分包合同中写进有关工期和进度的条款；通过招标的进度优惠条件鼓励分包单位加快进度；通过提前奖励和延期罚款实施进度控制；通过物资的供应数量和进度实施进度控制等。

（3）进度管理的技术方法是指通过各种计划的编制、优化、实施、调整而实现进度控制的方法，包括流水作业方法、科学排序方法、网络计划方法、滚动计划方法、电子计算机辅助进度管理等。

3.5.4 机械化施工进度管理的具体做法和取得的成效

3.5.4.1 利用机械设备自身优势

利用台车钻孔速度快、进尺深、干扰少的优势，加快施工进度。三臂凿岩台车钻孔速度快（2 min 内可成孔，传统风枪成孔需要 12 min 左右），整体工序循环时间短；开挖进尺有优势，最深炮眼可钻进达 5.25 m，有利于掏槽眼打设；施工作业工序少，工序干扰少，更便于施工组织和管理。

3.5.4.2 加强工序循环管理考核

积极推行"工序循环考核管理办法"，明确在既有资源配置下各道工序的考核时间和奖罚标准。对考核时间进行动态调整，促使各施工班组加强工序管理，缩短工序时间，工序间衔接提前到场，形成负搭接。

3.5.4.3 加强辅助工序管理

成立专门的班组对通风设备和管路进行维修保养，并在作业面增加射流风机和喷洒水设备，补充冰块，改善洞内的作业环境。

3.5.4.4 机械化施工取得的成效

在 348 巴东项目月明隧道施工中，开挖断面Ⅲ级 83.1 m²、Ⅳ级 86.2 m²，

Ⅳ级围岩平均循环时间为16 h，月平均进度达150 m（除去春节放假时间）；Ⅲ级围岩平均循环时间为8 h，月平均进尺在180 m以上（除去春节放假时间）。月明隧道Ⅲ级单月最高212 m，双洞最高达412 m。单洞月平均进度在150 m以上，缩短了施工工期近4个月。

在张吉怀铁路项目凤凰隧道进口施工中，投入2台三臂凿岩台车双机并打，采用全断面带仰拱开挖工法施工，开挖断面为144 m²，Ⅳ级围岩平均循环时间为18.5 h，月平均进度达110 m。

在高原项目拉月隧道横洞施工中，6号横洞开挖断面Ⅳ级66.3 m²，Ⅳ级围岩平均循环时间为14 h，月平均进度120 m（包含挑顶时间段），单月（2022年5月）开挖进尺最高201 m，共计提前了施工工期近2个月。

第4章 成本管理指南

4.1 单机核算管理

4.1.1 开展单机核算的目的

调动设备操作人员的责任心和积极性，提高操作设备的技能水平。

强化设备的日常维修保养，降低单机消耗，延长设备使用寿命，提高设备使用效率。

对设备进行经济性分析评价，对使用成本高的外租设备及时清退更换。

建立公司内部设备消耗定额体系，为公司设备采购选型提供参考。

4.1.2 单机核算的指标

燃油费用核算：燃油实行节超考核，单机燃油节超费用=单机定额消耗费用−实际消耗费用。

配件消耗费用核算：配件节超费用=单机完成工作量（工作时间）×该设备消耗定额费用−该设备实际消耗费用。

单机完成工作量（工作时间）核算：单机完成工作量（工作时间）由技术人员统计。

单机核算的工资计算：每月由核算人员对单机司机工资进行核算。其计算公式为：单机核算工资=单机核算标准工资+单机核算节超费用×奖罚比例（节约奖励按节约费用的20%计算，超耗处罚按超耗费用的10%计算）。

费用考核减免：

（1）属于大（项）修范畴的配件消耗。

（2）非操作人员原因造成的消耗费。

（3）不属于考核工作范围内的消耗减免。

4.1.3 实际数据收集

本月实际出渣数量（或使用时间）：根据工区的设计收方数量确定，零星台班使用时间由机械技术人员根据现场签认的使用时间和设备运转表的运转时间经核对后确定。

配件、润滑油、轮胎、其他材料消耗数量：根据物资配件报表，并经设备操作人员签认，由材料人员提供、机械技术人员统计。

设备操作人员工资：根据工资发放表由财务人员提供、机械技术人员统计。

4.1.4 单机核算分析及操作人员工资考核

机械技术人员根据定额计算出单台设备的每一项消耗，再与实际消耗进行分析对比，计算出设备盈余或亏损，单机盈余（亏损）=定额消耗−单机实际消耗。根据单机经济分析兑现设备操作人员的单机核算工资。单机经济分析盈余的，给予该机操作人员盈余额20%的单机核算工资奖励；单机经济分析亏损的，给予该机操作人员亏损额10%的单机核算工资处罚。

4.1.5 纠偏措施

实行单机核算前应进行设备的技术鉴定，设备整修达到良好的技术状态后参与单机核算。

属于大修范畴的配件消耗不计入单机核算。

设备异常损坏的配件消耗不计入单机核算。属于事故的，要遵循"四不放过"的原则进行分析处理。

设备单机的收入和油料及相应配件消耗要进行核减后再进行单机核算。

定期对定额标准进行复核，对不合理的定额进行调整。

连续出现2个月单机异常消耗且由人为原因造成的，对相关责任人进行经济处罚或劝退。

4.1.6 对外租设备开展的单机核算工作

外租设备是公司项目施工的重要设备组成，要把外租设备纳入自有设备同时进行单机核算。对外租设备的单机核算主要集中在两个方面：一是燃油消耗的定额分析考核，测定外租设备的燃油消耗定额，统计全月外租设备的燃油消耗并与定额进行对比分析，核定外租设备的燃油盈亏；二是对外租设备的整机使用经济性进行分析评价，将外租设备的全部成本（主要是机械租赁费和燃油费）进行汇总统计，再将外租设备完成的工作量折算为产值收

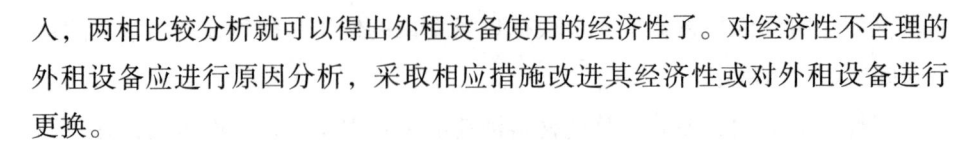

入，两相比较分析就可以得出外租设备使用的经济性了。对经济性不合理的外租设备应进行原因分析，采取相应措施改进其经济性或对外租设备进行更换。

4.1.7 注意事项

在开展单机核算前要对设备操作人员进行宣传、教育，广泛征求操作人员的意见，具体的考核意见要征得大多数操作人员的同意。

单机核算考核兑现的比例不能过高，操作人员月度收入水平的波动幅度不宜过大，否则可能出现盈余好兑现，处罚难执行的情况。

单机经济活动分析出现盈余（亏损）额度过大，应对该机的经济运行情况进行详细分析，查明具体原因，对操作人员的薪酬兑现要根据具体原因进行调整。

专业作业队完成单机核算及操作人员单机考核工资兑现后应及时公示单机核算的考核结果，并对操作人员反馈的意见进行解释和处理。

基础数据的收集、统计要准确，尽可能做到客观、公正。

不断完善不同工况的定额测定，当施工条件发生变化时，要对定额进行调整。当大多数设备操作人员的考核都处于处罚状态时，要分析原因，采取措施，必要时调整定额。

要坚持不懈地开展单机核算工作，不能因客观原因复杂而放弃开展单机核算工作。只要导向正确，即使具体的方法有些许缺陷，也能促进机械设备的经济管理。

4.2 班组分包管理

4.2.1 总则

为规范项目部各作业队对班组的管理行为，明确权责，特制订以下办法。

本办法所指的班组是指在项目部各作业队管辖范围内承担施工任务的各类专业化施工班组、劳务班组、设备租赁班组等。

4.2.2 职责

项目部成立分包领导小组，由项目部经理任组长，项目部其他领导成员任副组长，安质、工程、物机、财务等部室负责人任组员。各作业队成立作业队分包领导小组,负责班组分包工作的具体实施,接受项目部分包领导小组的领导。

作业队长:全面负责本队的班组管理工作,包括队伍的选用建议、督促合同的及时签订、收方计价与考核兑现、点工等合同外费用的现场签证、各类资源的现场协调等。

作业队书记:监督班组分包合同的执行情况,负责班组分包活动中的廉洁监督工作。

技术负责人:对班组完成的合格工程量进行现场收方,建立工程收方台账;将材料设计量与材料员提供的材料实际消耗量进行对比,对材料节超情况进行分析;负责点工、窝工、机械台班等合同外费用数量的复核汇总,报送项目商务部;负责作业队责任成本分析、经济核算等相关工作。

副队长:参与现场收方,确认班组合同外费用等的现场使用情况。

材料员:参与对班组的现场收方,统计汇总班组材料实际消耗量并提供给技术主管和项目物资部,按合同约定对班组进行扣款。

机械设备管理员:参与对班组的现场收方,统计班组机械台班使用情况并按合同约定进行扣款。

安全员、质量员:对班组的现场安全和质量等进行管控,对完成的合格工程数量予以确认。

试验员:负责提供班组的试验检测服务,对完成的合格工程数量予以确认。

劳资员:负责劳务工管理等相关工作,负责监督落实工资直接发放到劳务工手中。

4.2.3 队伍选用与合同签订

原则上,总价超过 200 万元的合同由公司及项目部组织公开招标,其他合同由项目部组织招标。项目部分包领导小组有对队伍选用的建议权,有对分包单价的建议权,有对合同条款在范本基础上修订的建议权。

4.2.4 收方计价

对班组收方流程如下。

(1)收方每月 20 日由作业队所在项目部牵头,作业队长、技术负责人、领工员、安质员、材料员、试验员、技术员及班组负责人等参与，对管段内所有班组完成的质量合格工程进行现场收方。收方工作完成后，相关人员现场签认"收方原始记录"，项目工程部和作业队分别保存。

（2）作业队技术负责人根据现场签认的收方原始记录编制"收方工程量计算单"并开具"收方单"，于每月23日将本队签字完善的"收方单""收方工程量计算单"纸质版报项目工程部，作业队留存一份；项目工程部于每月26日将部门审核和总工程师审批签字的"收方单""收方工程量计算单"纸质版提交项目商务部。

（3）作业队技术负责人根据经项目部工程部批复后的收方单，及时填写"单位工程工程量收方汇总台账""×××队班组工程量收方汇总台账"，并于每月26日以电子版形式分别报项目部和项目工程部、商务部备案。

4.2.5 收方管理要求

收方必须遵循"不超收、不漏收、不重收、不错收"的原则，每月必须对班组已完成的所有工程量进行收方，严禁隔月收方。

临时工程收方管理要求：作业队临时工程技术交底按项目部下发的经公司审批的"临时工程方案"进行编制和交底。作业队的临时工程技术交底报项目工程部审批后交乙方，现场收方必须携带技术交底进行收方，技术交底中未列的项目严格禁止收方，收方数量以现场实际丈量为准。

合同工程收方管理要求：作业队对班组合同工程收方均按设计数量进行，收方数量不能超过设计数量。

变更工程（含技术交底加强）收方管理要求：如遇临时技术交底加强、变更设计方面原因确需增加收方数量，作业队、班组必须履行对项目部的相关申报、审批手续后，方可进行收方。

"收方工程量计算单"中要体现详细的计算式及相对应的各部位里程桩号并附图。

加强收方资料的保管，做好收方保密工作。

4.2.6 对班组验工流程

收方完成后，作业队对班组当月发生的合同外费用进行清理，并形成评审意见后，于每月26日前提交项目商务部；"收方单"提交项目工程部，由项目工程部部长交项目总工程师审核签认。

作业队队长和土木、机械技术负责人审核班组当月发生的包干费及机械台班数量并签认。

作业队土木技术人员、材料员负责统计核算班组超欠挖数量、喷射混凝土回弹量、孔桩扩孔量、主要材料节超量，根据合同条款计算出奖罚金额。

作业队机械技术人员、材料人员、现场领工员统计本月班组的材料扣款、生活用电和机械使用扣款情况，制表并与班组长核对签认，每月 26 日前报项目物资部、机电部复核。

作业队安质员对每月奖罚情况进行汇总统计，每月 26 日前报项目安质部复核。

4.2.7 注意事项

计算单中要体现详细的计算式及相对应的各部位桩号并附图，相关格式完全依据项目部下发的标准进行，不得任意改动。

验工计价全部签字完成后，技术负责人应依据批复的验工计价及时更新收方台账。

4.2.8 有下列情况之一的，作业队有权拒绝收方

（1）逾期不办理的。

（2）工程质量不合格的（含业主或监理工程师方面出具的质量不合格书面材料，项目安质部、试验室、工程部以及项目部领导出具的质量不合格书面材料）。

（3）工程相关内容现场签认不完善或错签的。

（4）未按技术交底施工的。

4.2.9 罚则

作业队各部门应于每月 23 日前将签认齐全的收方单、合同外费用初步意见及专题会议纪要报项目部相关部门。若无法如期按要求完成相关工作，对相关责任人处以相应罚款。

4.2.10 新增工程

所有班组原合同中未列的项目，凡是可以以工程数量形式计价的，在每

月 10 日前报项目商务部，申请新增单价并补签合同。

4.2.11 合同外费用

4.2.11.1 合同外费用定义

合同外费用是指与施工图数量没有一一对应关系的各种奖励与罚款、零星用工费用、零星机械台班费用、窝工损失与停工补偿、工伤补偿、缺陷整治费用等。

合同外费用的认定严格执行分包合同条款，不满足分包合同条款的费用，一律不得纳入合同外费用处理，如已经包含在分包单价中的误工损失和停工补偿、配合试验检测费用、配合迎检费用、材料装卸及倒运费用、工作面的积水引排费用、文明施工费用、进出场费用、生活设施费用、工程完工后的场地清理费用等，严禁随意对劳务队伍进行补偿。

项目部在组织分包时，必须严格按施工图数量对应子目组织分包，原则上不得以任何形式或理由增设非施工图数量的分包子目，尽量把可以纳入分包单价的项目纳入分包单价，减少合同外费用。对于项目实际施工造成的连续性且非施工图数量施工项目（如隧道抽水按月、文明施工按延米、台车拼装行走、缺陷治理等），商务部应全部纳入合同外费用计量，并与合同内子目分开录入台账。

对分包班组的专项考核（工序循环、材料消耗、隧道开挖质量及混凝土消耗）费用列入合同外费用范畴，在分包合同验工结算中单列。

4.2.11.2 合同外费用处理流程

合同外费用执行现场核实签认、费用测定、分管领导审批、验工专题会议讨论、公司审批的处理原则。

作业队每月组织验工计价专题会议讨论当月发生的合同外费用，并形成费用处理意见，登录合同外费用台账，上报项目部、公司审批。

合同外费用执行月清月结制度，过期申报的合同外费用不得予以处理。作业队和项目部自身原因导致无法当月处理的费用，原则上必须在一个季度内进行处理。

4.2.11.3 零星用工费用

所有零星用工单价均严格执行作业队所在项目部规定的标准，不得调整。

零星用工费用采用日清月结制，逾期上报的临时用工包干费一律不予结算。凡内容填写不全、签字不全、未按时提交土木技术负责人的包干费派工单，一律无效，结算时不予认可。造成的损失按"谁派遣谁负责承担"的原则处理。

零星用工由副队长或主管领工员负责派工并监督执行。

作业队长有对零星用工的审核权。每周星期一前，技术负责人将上周各班组发生的零星用工使用统计表以电子版的形式报项目商务部，于每月 23 日前将签字完善的纸质版提交项目商务部。

4.2.11.4　零星机械台班费用

零星机械台班包括修筑便道、基坑开挖、平整场地、涉农工程的修筑等主体辅助及其他工程。

所有零星机械台班使用由作业队队长或土木、机械技术负责人派遣，谁派遣谁负责签认。

机械派工由现场领工员监督，并负责填写派遣单。

作业队队长有对零星机械台班的审批权限。每周星期一前，技术负责人将上周各班组发生的机械派遣单以电子版的形式报项目商务部登记汇总，于每月 23 日前将签字完善的纸质版提交项目商务部。

零星机械台班费用实行日清月结制，逾期未上报的零星台班费用一律不予结算。凡内容填写不全、签字不全、未按时提交技术负责人的派遣单，一律无效，结算时不予认可。造成的损失按"谁派遣谁负责承担"的原则处理。

4.2.11.5　包干费用

严格在权限范围内使用包干费用。单项事项包干费在 2000 元以内的，由作业队长确定；在 2000～5000 元范围的，由作业队长报请项目总工、副经理或总经济师同意后使用；超过 5000 元的，必须报请项目经理同意。

4.2.11.6　其他合同外费用

其他合同外费用即窝工补偿、抢险费用等合同无法预计发生的费用。所有其他合同外费用在 3000 元以内的，必须由作业队讨论通过后以书面会议纪要并会签的形式上报项目商务部，经项目部验工结算专题会通过后结算；所有合同外其他费用在 3000 元～5 万元的，必须由作业队讨论通过后以书面报告形式上报项目分管领导，经项目部验工结算专题会通过后结算；所有合同外其他费用在 5 万元以上的，由项目部审核报公司评审后方能结算。

4.3 责任成本管理

4.3.1 总则

为全面推行项目部责任成本管理，规范项目部所属各单位成本管理行为，充分挖掘项目部内部潜力，提高项目部各专业作业队成本管理水平，及时纠正施工生产过程中的偏差，提升经济效益，特制订以下办法。

责任成本按"标准统一、执行可控、动态管理、严格考核、全面覆盖"的原则进行管理。

考核对象：项目部所属各专业作业队。

4.3.2 组织机构

项目部成立责任成本管理领导小组：

组长：经理、书记

副组长：总经济师

组员：班子其他成员、各部门部长

责任成本管理领导小组下设办公室，办公室设在项目商务部，负责日常的责任成本管理工作。

项目部责任成本管理领导小组是责任成本管理的主责层，负责落实公司及上级单位的各项管理制度，分解成本管理目标；负责制定项目部责任成本管理的相关制度，建立项目部责任成本价格体系，组织审核专业作业队开展成本管理工作；负责专业作业队责任成本测定，下达责任成本指标，并签订经济承包责任书；负责指导、检查和监控专业作业队的成本计划、过程控制和核算分析；负责收集、汇总、整理专业作业队的责任成本资料，定期开展责任成本分析；负责审批合同、结算和支付等事项；负责对专业作业队绩效考核和奖惩兑现审批；负责督促、指导专业作业队充分做好对口业务流程线下审批，对成本进行有效管控。项目商务部是成本管理的主责部门，项目部各部门应做好责任成本的归口管理和汇总报送工作。

专业作业队成立责任成本管理领导小组：

组长：队长、书记

副组长：技术主管、副队长

组员：其他管理人员

专业作业队是项目部责任成本管理的操作层，负责执行项目部管理制度和责任成本承包合同；直接负责物资配件消耗、机电设备（含外租设备）单机考核、分包班组的验工计价、其他费用管理等管控工作；负责定期组织责任成本分析，召开责任成本分析会并上报项目部；负责对分包班组生产工人、设备的日常考勤登记，并根据班组完成生产任务等情况提出奖惩建议并按程序上报项目部，对成本进行实质管控。

4.3.3 责任成本管理承包考核体系

4.3.3.1 经济责任承包机制

项目部对专业作业队实行经济责任承包，签订"项目部内部经济承包责任书"，核定专业作业队承包考核的内容和目标、责任成本及目标利润指标，按半年度、年度对专业作业队进行责任成本考核兑现。

专业作业队与分包班组实行专业分包、计件分包或单工费分包，签订"专业分包合同""机械租赁合同""劳务分包合同"，分包班组按合同分包，自负盈亏。

公司对项目部实行责任成本承包，签订"项目部责任成本承包合同"，确定专业施工责任和管理责任，项目部承担盈亏责任。项目部对项目实行全费用承包或专业服务承包，签订"内部承包合同"。

4.3.3.2 成本考核及结果运用

在项目部的管理过程中，各层级的经济合同应及时进行考核兑现，考核结果作为员工薪酬考核的重要指标，超额利润分配按公司审批执行。

4.3.4 责任成本要素

影响项目部责任成本管理的主要因素如下。

（1）项目部管理体制机制与管理水平。

（2）分包模式与分包价格。

（3）物资配件采购供应模式，自购物资配件的价格与现场材料消耗管控水平。

（4）机械设备的合理配置、自有设备维护和单机消耗、外租设备租赁方式及价格、设备物资的运输费用。

（5）项目部专业作业队有效作业工期的进度安排。

（6）项目部人力资源水平和作业过程的安全状况。

（7）项目部外部环境因素。

（8）项目部及专业作业队的验工计价情况以及资金支付情况。

（9）技术创新能力与应用。

4.3.5 责任成本预算编制及调整

4.3.5.1 责任成本组成及测算方法

责任成本是指以工程承包中资源合理配置为基础，根据公司内部定额以及相关的规章制度测算出的作业层预计发生的总成本。责任成本=分包工费成本+材料费成本+机械费成本+间接费+临时设施费+税金。

工程数量：根据合同划分工程量清单和施工方案确定工程数量。

承包单价：按公司施工设备内部经租费用、自有设备的折旧大修费、当地设备外租市场租赁价格、物资配件市场价格、动力及燃油价格、生产工人工费定额、临时设施及办公费等测算。

间接费：包括管理人员工资及附加费、差旅办公费、广告宣传费、业务招待费、指挥车辆费等费用。

税金：按国家税法规定，结合当地政策计算。

4.3.5.2 责任成本预算编制依据

施工分包合同、施工方案、资源配置方案、合同交底资料。

分包合同单价和项目定额、工程项目施工分包单价。

市场材料采购（集采）价格，周转材料租赁、机械设备租赁市场调查价，设备、物资进退场的运输费用，人工工费价格，公司自有周转材料和机械设备折旧的有关规定。

国家、行业相关的政策法规，项目管理策划书。

工程现场的施工条件、设备配置要求以及自然条件等。

4.3.5.3 责任成本预算编制原则

投标报价与责任成本分离：责任成本预算的测定不以投标报价高低为依据，而是根据内部定额及相关标准结合现场情况进行测定。

统一原则标准：对专业作业队根据内部定额及标准统一测算原则，对于特殊地区、特殊作业由项目部责任成本管理领导小组确定调整。

动态管理：在具体实施过程中，客观发生的且由非作业层责任造成的成本重大偏差，可按规定报项目部审核批复后进行调整或考核减免。

4.3.5.4 责任成本预算编制程序

项目任务划分→项目管理交底→项目部管理策划书→编制预算初稿→审核预算初稿→形成项目部责任成本预算→签订项目部内部经济承包责任书。

责任成本预算编制：项目部责任成本预算初稿根据公司成本部预算和项目部管理交底方案进行编制，编制完成交项目商务部复核，再提交项目部成本管理领导小组审定。

责任成本预算编制时间：公司对项目进行施工调查时，在施工调查会议上明确任务划分，项目部根据任务情况结合项目管理交底及时进行责任成本预算，初稿的完成时间原则上在项目部责任成本明确后 3 个月内完成，内部经济承包责任书应在预算完成后 2 个月内签订。

4.3.5.5 责任成本预算调整

专业作业队在实施过程中，对非专业作业队内部主观原因或者客观情况发生变化引起的合同重大成本变动时，根据实际情况及时报项目部进行调整，项目部不同意进行调整时，由项目部责任成本领导小组报请公司裁决，具体有如下几方面。

1. 量差调整。

由工程数量引起的成本变动，按工程变动量进行调整。

2. 施工方案调整

由实施性施工组织的重大差异（如地材自采方案、大型临时工程方案、设备工装配置方案、重点工程技术方案）引起的成本变动，必须及时找项目部予以调整。

业主或设计人员要求变更施工方案，引起的成本变动，应及时找项目部予以调整。

项目部原因导致必须改变施工方案或资源配置，引起的成本变动，应及时找项目部予以调整。

3. 工期延误

业主、项目征迁或其他特殊原因，致使工期拖延超过 1 个月的，项目部应对工期拖延造成的成本增加进行成本调整。由项目部内部自身的管理原因引起的延误，责任成本预算不再找公司或项目部进行调整。

4. 工期压缩

压缩工期，加快施工进度导致项目部成本增加的，应及时报请项目部对增加的部分进行成本调整。

5. 地材价差

地材涨价造成实际成本增加的，实际采购价超预算价时，应及时报项目部审核确认，超责任成本预算价的部分，应及时报请项目部进行成本调整。

6. 不可抗力

由不可抗力等非项目部自身原因造成的损失，应及时报请项目部进行成本调整。

7. 其他原因

其他原因造成成本费用增加的，应及时报请项目部进行成本调整。

4.3.5.6 责任成本预算调整的程序

项目部内部发生以上责任成本预算调整事项的，应每月及时向项目部书面申请调整。项目部同意调整的，应根据实际情况为专业作业队进行相应的责任成本调整；如实际发生后项目部不同意调整的，每季度或半年向公司申报，调整报告由项目部经理签字后上报公司成本管理部，报告经公司批准后由项目部做相应调整。在项目部实施过程中，客观情况发生重大变化导致原测算与实际情况发生重大偏差，由实施单位提出，经项目部责任成本管理领导小组批准后，根据实际情况重新进行测算、调整。

公司下达责任成本预算后，项目部责任成本领导小组组织相关部门进行分解，作为责任成本控制的标准。

4.3.6 责任成本计划和控制

根据公司下达的生产任务，项目部编制年度成本计划。成本计划应根据责任成本预算、施工计划等编制，以施工工序为编制基础，成本费用至少应细分到人工费（分包费）、主要材料费、周转材料及小型机具费、辅助材料费、机械费、间接费、临时设施费和税金等，作为施工成本控制和经济活动分析的依据。

项目部应优化施工工艺，严格控制临时设施标准和规模，合理配置生产资源，进行技术经济比选，考虑施工工序方案的连续性，选择最优施工方案，并参考公司定期发布的内部定额、周转机料具费用及机械租赁限价，结合当地市场实际价格情况进行成本控制。

加强人员管理。项目部应严格执行公司人员定员定编相关规定，制定现场管理标准，落实员工绩效考核要求，严格控制现场管理费支出。

加强材料、配件的计划、采购、验收、领用、消耗、核算等各环节的管理。对用量大、规格单一的大宗物资配件、润滑油料实行集中采购供应。实行限额发料制度，加强材料核算，每月清查盘点。加快周转材料的周转次数，降低周转材料成本。

合理配置机械设备，充分做好机械设备租赁和配置方案的经济比选工作；加强对机械设备的维护和保养，提高机械设备的完好率和利用率；实行单机核算，按台班产量进行考核，降低油料费、电费和维修费，同时要做好计划用电和节约用电工作；按工程量大小及进度情况合理配置机械设备，严禁租赁状况较差的机械设备，对租赁设备严格按合同约定进行验工计价和费用结算；根据现场实际情况及时进行清退，严禁租赁设备闲置。

专业作业队定期进行经济活动分析，及时发现成本偏差，改进成本控制措施；项目部定期收集、核查专业作业队责任成本（经济活动），分析情况。项目部以合同审批、材料结算价格审批、设备租赁审批、工费单价审批等为控制手段，依托事前线下审批加成本管理信息系统审批，严控成本。

4.3.7 责任成本核算

4.3.7.1 责任成本核算原则

责任成本核算既要以每个独立的单位工程为对象，分工号进行核算，又要以各责任主体为对象，对责任主体进行责任成本核算。核算过程中要明确核算对象，划清成本界限，计算口径要一致，成本核算资料要准确、真实、可比、完整。

4.3.7.2 责任成本核算程序

统计实际完成工程量，计算责任成本收入。专业作业队每月对实际完成工程数量分工点、分责任主体找项目工程部进行收方确认后，由项目商务部确认实际完成的工程数量并进行验工计价，专业作业队根据验工计价收入确定责任成本收入。

专业作业队各部门按成本构成要素及分析内容及时提供成本核算的基础资料。根据收料、发料、库存等资料确认材料、配件的消耗数量，提供物资配件报表、周转材料及小型机料具报表、主要材料节超资料；根据外租设备验工费、电费、设备大项修费用、分包班组验工成本等资料；找项目财务部核实办公费、交通费、业务费、指挥车辆使用费、人员工资、奖金等实际发生的间接费资料。

责任成本核算的要求。根据收支口径一致的原则，按责任成本构成要素一一对应的要求，将收入与支出逐项核算。

消耗成本节超分析。对班组主要材料、主要机械设备的油料消耗等进行节超分析。

责任成本核算分为以下几种类型。

（1）班组分包成本核算。根据分包班组实际验工情况全部计入成本，分包成本要注意合同外费用、分包班组扯皮等风险。

（2）材料配件费的核算。根据进货总量、领料总量、库存及现场盘存数量确定实际消耗数量，然后乘以实际进货单价。

（3）周转材料及机料具核算。外租周转材料租赁费根据租用数量乘以租赁单价确认。自购周转材料及机料具扣除残值后按比例进行摊销。

（4）机械费核算。外租机械根据现场实际数量乘以租赁合同确定的计价方式确认费用，自有设备根据公司相关实施细则计提折旧大修摊销费用。

（5）间接费核算。根据实际支出成本确认，注意收入与支出的对应性、均衡性以及组资费用的摊销。

4.3.8 责任成本分析

责任成本分析的内容包括班组分包成本、主要机械设备费、油费、材料费、配件费、电费、综合管理费等所有成本费用。专业作业队按月对分包班组、机械租赁方、周转材料租赁方进行验工计价，并开具验工结算单，作为对班组支付的依据。

实行责任成本分析（经济活动分析）会议制度，具体召开时间：项目部每月召开，时间为次月的10日前；专业作业队每月召开，时间为次月5日前。

责任成本分析是经济活动分析的核心内容，主要包括施工进度对成本的影响、班组合同外验工费用影响、资源配置及管理对材料节超影响、机械设备单机消耗费用、电费分析、安全质量及其他成本影响、现场经费影响等。

责任成本分析会与经济活动分析会合并召开，可与分包班组验工计价专题会合并召开。经济活动分析（责任成本分析）资料每月报公司财务部和成本管理部。

责任成本分析会程序如下。

（1）专业作业队编制相关资料，按月召开责任成本分析会，并于次日将会议纪要及相关资料上报项目部。

（2）项目部按月召开责任成本（经济活动）分析会，对项目部责任成本情况进行通报，并按时向公司上报会议纪要等相关资料。

自项目开工 4~6 个月，项目部将不定期地对专业作业队进行责任成本检查，发现问题及时纠正并提出整改要求。

责任成本检查的重点包括责任成本管理制度、体系是否建立，是否按要求对责任成本进行了分解、分析，责任成本改进措施、考核兑现是否落实，责任成本偏差分析等。

4.3.9 责任成本考核

专业作业队责任成本管理纳入项目部年度考核，将项目部责任成本考核作为下属各单位年度考核和评先评优的重要依据。专业作业队拆点后进行末次考核。

项目部在每半年次月 10 日前，将上一年度各项管理目标考核指标完成情况汇总，形成年度管理评价建议方案，经项目部经理办公会讨论通过后执行，考核结果作为责任承包奖惩的主要依据。

项目部对完成责任成本目标或利润目标的专业作业队及时给予兑现，对未完成责任成本目标或利润目标的专业作业队根据相关管理实施细则进行问责。

4.4 经济活动分析管理

4.4.1 总则

为全面推行经济活动分析，规范项目部成本管理，充分挖掘内部潜力，提高项目部成本管理及经济运行水平，提升盈利能力，特制订本管理办法。

经济活动分析按"标准统一、执行可控、动态管理、严格考核、全面覆盖"的原则进行。

4.4.2 组织机构及职责

项目部成立经济活动分析管理领导小组

组长：经理

副组长：书记、土木总工、机械总工、副经理、总经济师

组员：各作业队长、土木及机械主管、项目部各部门责任人

项目部经理为经济活动分析（成本管理）的第一责任人。领导小组下设办公室，办公室设在项目商务部，项目部总经济师兼任办公室主任。

4.4.2.1 项目部职责

项目部是项目部作业队经济活动分析的控制中心：按照公司相关管理制度，制订项目部和作业队的经济活动分析具体办法；项目部监督、指导、考核作业队的责任成本分析工作；审核、审批与成本有关的施工方案、资源配置、费用调整等工作；收集整理各作业队的责任成本分析资料，每月10日前召开项目部经济活动分析会并上报公司。

4.4.2.2 作业队职责

项目部作业队是经济活动分析的执行中心：根据项目部要求、结合项目部作业队的实际需要，提出合理的资源配置计划；定期开展对班组的专项考核、成本分析，召开作业队责任成本分析会并上报项目部；对班组提出奖惩建议并按程序上报；对劳务队伍中的劳务人员、设备的日常考勤进行登记。

4.4.2.3 商务部职责

商务部负责具体组织项目部经济活动的分析工作，是项目部经济活动分析的主责部门。

根据收方情况，及时组织对各作业队进行验工计价，督促站队做好对班组的验工计价和报送工作。

负责收集、汇总各部门资料，及时组织每月召开经济活动分析会；整理分析结果、建议和拟采取的措施，形成书面会议纪要，并按要求将月度、季度经济活动分析并整理成完整资料，及时上报指挥部。

4.2.2.4 工程部职责

在熟悉合同条款和现场施工情况的基础上，做好施工组织、施工方案的优化调整工作。

对作业队工程收方工作进行监督，建立作业队每月及开工累计收方台账。

负责对每月设计数量和实际收方数量的量差问题进行分析和说明，统计工程量量差对效益的影响，分析存在的问题及采取的预防和控制措施。

负责对各作业队的进度完成情况进行分析。

负责变更设计方案资料，完善并建立管理台账，配合项目商务部上报二次经营相关资料。

审核各作业队当月及开工累计工程材料设计量，考核应耗量数据，及时提供给项目设备物资部。

4.4.2.5 设备物资部职责

检查、督促项目部各站队做好限额发料等相关台账。

做好项目部各站队材料节超核算、物资消耗比的审核、汇总、分析工作。

指导、检查项目部各站队按公司规定做好周转材料的摊销及相关台账。

对项目部各站队每月物资盘点工作进行监督，重点是结合作业队土木技术室收方数量，检查各作业队限额发料情况，做好材料消耗及节超分析。对作业队重点设备的消耗进行监督，对异常情况进行分析。

建立项目部机械管理台账，收集机械设备运转记录，对设备配置提出优化方案和建议，并及时上报公司机电部。

以单机核算为基础，指导和检查项目部各作业队做好机械费用（含油料）核算工作。对作业队重点设备的利用率和完好率进行专项分析。

指导、检查项目部各作业队做好电费管理工作。要求站队电费控制细化到责任主体、单位工程；明确区分施工用电和生活用电；施工用电重点把关好空压机、通风机用电。

4.4.3 项目部经济活动分析会主要议程和要求

4.4.3.1 项目部经济活动分析会主要议程

项目商务部对收入进行说明；通报班组计价情况和项目部各作业队责任成本完成情况；分析二次经营情况。

项目工程部评价作业队进度完成对成本的影响，分析未完成进度的原因；对隧道超欠挖进行分析，通报考核结果；通报项目部各作业队喷混凝土、衬砌混凝土节超情况，并对混凝土消耗做出专项分析。

项目设备物资部对项目部各作业队主要材料节超情况进行分析，对二、三项材料消耗比率异常的情况进行分析。对项目部作业队机械费、电费节超情况进行分析，通报分析结果。

项目综合部对人工费、小车修理费、燃油费、食堂费用等做专项分析。

项目部各部门对上个月提出改进措施落实情况进行汇报，根据本月损益状况及各专项分析情况，展开综合分析和讨论，找出原因，征集相关建议和意见，部署下一步改进措施。

对相关考核形成结论，考核内容主要包括项目部站队月度、年度、开累责任成本完成情况，三项专项考核情况，员工绩效考核情况，等等。

4.4.3.2　项目部经济活动分析会要求

经济活动分析基础资料完成后，由项目部经理主持会议，领导小组成员按时参与，保质保量取得分析成果，并形成经济活动分析会议记录。

经济活动分析原始资料由项目商务部存档，包括活动记录、下月或下阶段目标和措施。

项目部站队责任成本分析会比照项目部经济活动分析会的主要议程和内容进行，由项目部站队各分管人员通报相关情况。

4.4.4　考核办法

项目部站队责任成本分析资料必须真实有效，不得弄虚作假，一经发现，对项目部站队队长、技术主管处以相应罚款。对推迟上报或者资料上报不全的站队队长、技术主管处以相应处罚，直至资料上报完整为止。

项目部各部室未能按期将对应报表上报，对对应部室负责人处以相应处罚，直至资料上报完整为止。

第5章 安全生产管理指南

5.1 安全生产管理体系及职责

5.1.1 总则

为加强项目部安全生产管理,明确安全生产责任,有效预防安全事故,保障人身和财产安全,依据《中华人民共和国安全生产法》《建设工程安全生产管理条例》《中华人民共和国铁路法》等相关法规及其他相关文件,并结合项目的特点,强化企业安全生产管理的系统化、标准化、法制化建设,夯实安全管理基础,提升安全生产管理水平,以达到控制和消除安全生产隐患的目的。

5.1.2 安全生产管理方针和安全生产管理目标

5.1.2.1 安全生产管理方针

坚持"安全第一,预防为主;以人为本,综合整治;规范管理,强基达标"的安全生产管理方针。

5.1.2.2 安全生产管理目标

建立健全安全生产监督检查管理体系,严格落实安全生产责任制。

消灭责任设备、火灾、易燃易爆品管理和爆炸等事故。

杜绝从业人员因公死亡和重大伤亡事故,责任人身负伤人数控制在每年2‰以下,责任人身重伤及以上人数控制在每年0.3‰以下。

消灭责任运输及交通责任安全事故。

杜绝重大职业病危害、群体性食物中毒事件。

创建安全生产标准工地,实现安全生产管理达标。

5.1.3 安全生产保证体系

5.1.3.1 建立安全保证体系

为实现安全管理目标,强化项目部安全生产的统一领导,贯彻安全生产方针，落实安全生产制度和措施，加强现场安全管理，确保项目部各作业队在施工生产期间的施工安全、设备安全和人员安全，项目部成立以项目部经理为第一责任者的安全生产领导小组，负责并领导项目部的安全生产工作。主管生产副经理为安全生产的直接负责人，下设安质部，安质部设专职安检工程师。

根据分级管理、逐级负责的原则，各作业队设立以队长为首的安全生产组织，设置专（兼）职安全检查人员，生产班组设兼职安全员，健全组织体系，建立有效的安全生产保障体系，保证安全管理工作正常进行。

项目部制订的安全生产方针和管理目标要层层分解落实到岗、落实到人，并与绩效考核挂钩，严肃考核纪律，不走形式，努力实现安全生产的各项目标。

自上而下形成安全生产监督、保证体系。

5.1.3.2　领导小组成员组成

组长：经理、书记

副组长：副经理、总工

成员：各部门负责人、各作业队队长、技术主管、材料主管、安质主管

安全生产领导小组下设办公室，办公室设在安质部，由安质部负责具体日常工作。项目部所属各作业队必须结合本单位实际制定相应的安全生产管理办法，对所负责施工生产的作业队进行定期、不定期和日常的安全检查，并认真及时填写记录。按照公司统一的"安全报表"格式，在每月20日前向安质部提交本月（上月18日至本月17日）安全报表，由安质部在每月25日前汇总报公司安全质量监察部。项目部每半年组织一次全项目部的安全生产大检查。检查的内容包括各作业队的洞内施工、驻地、车间、大型机械等安全情况，对发现的问题和隐患以书面的形式在站内予以通报，并限期整改。对未整改或整改不彻底的，给予一定的经济处罚。各作业队每月进行一次管辖内所有项目的安全检查。积极参加国家、铁总、建设单位、集团公司、公司、项目部以及地方政府组织的安全生产活动和安全检查活动。

为了全面贯彻《中华人民共和国安全生产法》，确保项目部"安全生产管理办法"的落实，使安全管理工作规范有序、安全生产管理体系有效运行，强化施工过程的安全管理和监控，服务于施工生产，保证施工生产安全

有序、稳定可控，项目部及各作业队必须严格按要求进行整章建制，建立健全体系，并认真执行。

5.1.3.3 安全质量保证体系框图

安全质量保证体系框图见图5-1。

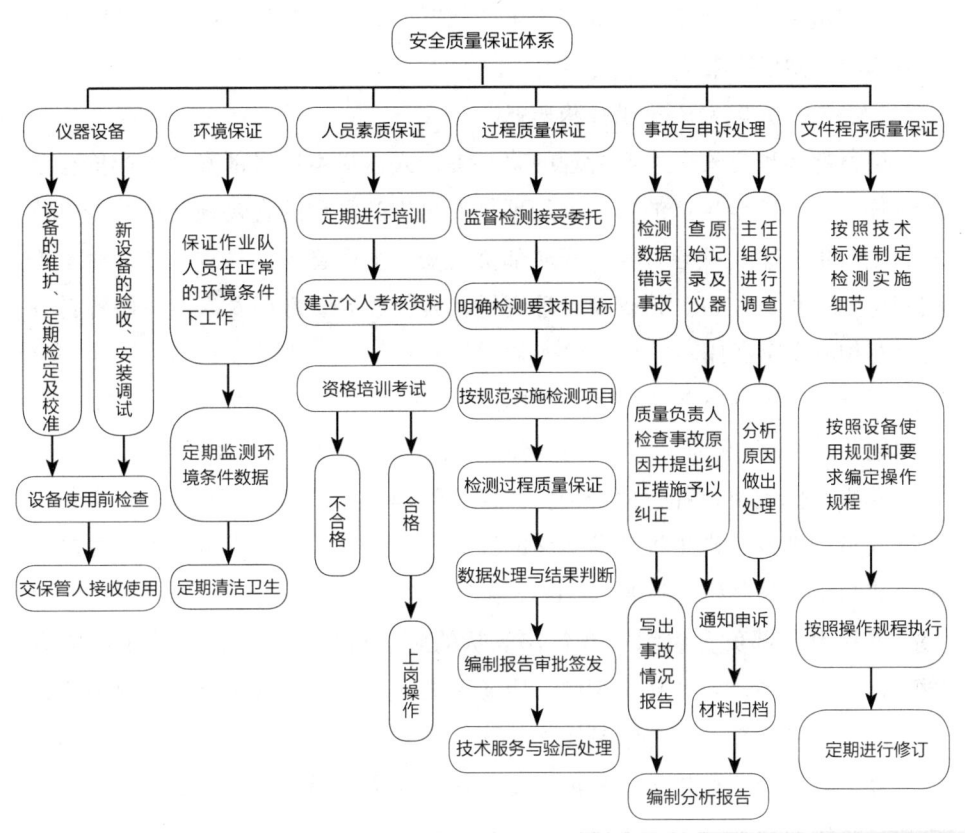

```
                           安全质量保证体系
         ┌────────┬────────┬────────┬────────┬────────┬────────┐
      仪器设备  环境保证  人员素质保证  过程质量保证  事故与申诉处理  文件程序质量保证
```

图5-1 安全质量体系框图

5.1.3.4 安全生产领导小组主要职责

负责对项目部管辖范围作业队安全管理体系工作的领导，指导、协调、督促、检查管辖范围施工场所施工安全生产管理工作，处理生产过程中发现的安全问题，组织（或参加）施工安全重大、特大事故的调查和处理。

贯彻落实国家安全生产的各项法律法规，制定并严格落实安全生产管理的各项规章制度和安全保障措施。

主持安全生产责任制体系的建立与实施。

主持安全生产指标考核控制体系的建立与实施。

主持安全生产监督管理体系的建立与实施。

组织安全生产大检查,项目部每半年组织一次。

组织制订重大特大事故及事件应急救援预案,建立应急救援体系。

定期组织召开会议,分析安全生产状况,研究安全生产中存在的问题,采取措施,做出决策。

5.1.3.5 安全生产管理机构职能

项目部经理是安全生产管理的第一责任人,对本项目部安全生产负有全面责任。分管安全生产的常务副经理是安全生产管理的直接领导,对本单位安全生产负有主要领导责任。安质部负责安全生产管理的日常工作,对本单位安全生产负有监督、检查及管理责任。其他领导、部门及人员按照各自分工负有相应安全责任。

安全生产领导小组对本项目部作业队在建设生产过程中安全生产方面的重大问题进行决策、管理和考核。安质部负责日常安全生产的归口管理工作。

安质部代表项目部行使安全生产监督管理、考核和服务职能。审查各作业队人员培训及特殊工种持证上岗的控制,使施工、操作人员全面接受进场和岗前的安全教育和技能培训,保证施工安全。

项目设备部负责组织审查各作业队的施工机械配置方案、施工用电方案、作业指导书、安全技术交底、应急预案,以及各项安全质量环保措施,建立大型设备管理台账并编制操作规程;做好各队大型机械设备"管、用、养、修、算"的工作指导,保证设备的使用安全;指导各作业队抓好重点设备、重点作业环节和关键工序的安全生产控制工作;负责审查各作业队机械设备租赁等合同的资格、资质的合法性,保证进场人员及设备的安全准入。

项目物资部负责组织参与物资配件、主要材料、小型机具的采购、验收和管理工作,提供可靠的物资设备安全质量保证。

5.1.4 安全职责与责任

5.1.4.1 项目部经理

项目部经理是项目部安全管理的第一责任人,对本项目部的安全生产工作负总责。负责贯彻执行国家、行业有关安全生产的法律、法规和公司的各项安全生产规章制度,组织制订本项目部安全生产责任制、安全生产规章制度和操作规程。

建立项目部安全生产保证体系和安全生产领导小组，制订项目部职业健康安全目标，并组织实施和考核。

组织对项目部重大危险源辨识、评价与管理控制，制订和实施安全管理方案，保证项目部安全生产的有效投入。

组织开展各项安全生产活动，落实员工安全教育、培训、持证上岗的相关规定。

定期召开安全生产会议，分析安全生产形势，研究解决安全生产中的重大问题，布置安全生产工作，检查督促项目部安全工作的正常开展。

坚持开展定期和不定期安全生产检查，及时消除事故隐患，对检查中发现的问题必须定专人、定时间、定措施，督促整改。

分解细化安全责任目标至各部门、各作业队，并对责任制落实情况进行定期考核，确保实现安全责任目标。

在计划、布置、检查、总结、评比项目部生产工作的同时，计划、布置、检查、总结、评比安全管理工作。

组织制订生产安全事故应急预案，组织应急预案的评审、演练。

及时、如实报告生产安全事故，主持重伤和轻伤事故的调查，按照"四不放过"的原则对有关人员进行处理（包括未遂事故）。检查安全生产资金投入情况。

5.1.4.2　项目部党工委书记

对项目部安全生产工作负领导责任。充分发挥党群组织在安全生产中的宣传、监督、保障作用，参与安全生产工作决策，为安全生产提供组织和思想保证。

发挥思想政治工作的优势，组织各级党组织广泛开展深入细致的思想政治工作，调动广大员工的安全生产工作积极性，提高安全生产的法律意识和责任意识，教育引导员工增强自我保护和防范意识。

把安全生产工作纳入党组织的重要职责，作为"创岗建区""党员先锋岗""党员责任区"的重要考核内容和竞赛评比的重要条件。

广泛宣传党和国家安全生产的方针、政策、法令、法规；宣传安全生产的先进经验和先进典型；用事故案例引导广大员工认识事故危害，吸取事故教训；提高广大员工对安全生产工作重要性的思想认识，增强各级领导对安全工作的责任感。

组织开展安全文明工地建设活动，把文明工地建设和安全标准工地建设紧密结合起来，推动安全管理工作达标。

组织开展"党员身边无事故""安康杯""安全知识竞赛""安全月""百日安全无事故"等安全生产活动，广泛宣传、推广安全生产工作的先进经验，实现项目安全生产目标。

5.1.4.3 项目部分管生产副经理（管生产、管安全）

对项目部安全生产工作承担主要领导责任，坚持"管生产必须管安全"的原则，落实各项安全技术措施和安全组织措施，监督检查管理人员履行安全生产职责、作业人员执行安全操作规程。

组织落实安全生产领导小组决定的事项，及时反馈落实的情况，提出改进意见和建议。

组织对入场机具设备和特种设备进行检验，对特种人员持证情况进行检查和验证，提出书面检查验证报告，报上级相关部门（相关部门指公司机电部、人力资源部、安质部等，下同）备案。

组织制订作业队生产现场、生活驻地的安排规划；在临时设施、构筑物、大型机械设备使用前必须实施检查验收；对防洪物资和防火器材的配备情况要定期组织检查。

主持对作业队施工生产过程中危险、危害因素的辨识，组织重大应急预案的演练。

组织制订安全措施费的使用计划，提出所购物品的品名和数量，并按生产进度不断补充使用计划，报项目部经理审批。

组织开展安全月、安全标准工地、文明施工等安全活动，督促主责部门及时上报有关活动资料。

发生事故应立即报告，并迅速组织抢救。

5.1.4.4 项目设备部部长

对项目部机械安全工作负责。负责审核大型机械设备安全技术措施、各类现场应急预案，审核采用新技术、新工艺、新材料、新设备时的安全技术措施、方案。对所审核的措施、方案、预案的技术安全可靠性、可行性负责。

审核项目部员工机械安全技术教育培训计划及相关内容，并对培训结果进行检查落实。

解决施工生产供应的大型机械安全问题。对涉及重大疑、难、险专项大型机械安全方案和应急预案，按公司规定上报公司进行审核或专家会审。

审核临时设施、构筑物、施工临时用电等安全技术方案、措施，确保其符合安全生产有关规定。

确定项目部机械安全技术控制的重点、难点，组织各作业队编制机械安全技术措施，并督促检查落实，提出技术鉴定意见和改进措施。

检查落实生产计划的同时，检查机械安全技术方案、措施的落实情况，对存在的问题提出整改措施。

负责项目部机械设备安全、用电安全，对大型机械设备和施工用电的安全管理负责。

负责组织制订机械设备管理制度和机械设备安全操作规程，编制作业队施工用电的方案，制订安全用电的技术措施，并负责实施过程的检查、指导。

组织对机械设备入场时的安全防护装置有效性进行检测，出具检测报告，对检测不合格的机械设备提出处理意见。

负责对大型非标设备的安全监督管理，建立特种设备检验情况的台账，督促各作业队对特种设备进行定期检测，确保使用安全。

新设备使用前，组织对操作人员和维修人员进行技术培训和考核，并报相关部门备案。

定期组织机械设备检查，掌握在用机械设备的安全状态，确保其性能可靠、有效。

对机械设备状态不良、不能满足使用安全的情况，提出整改措施，并追踪验证。

参加危险、危害因素的辨识与评价，对机械设备的重大危险源制订控制方案和应急预案。

5.1.4.5 项目物资部部长

对项目部物资配件（含油料等危险物品）储运过程中的安全管理工作负责，负责制订物资配件材料管理制度，按设计、规范和标准的要求采购供应合格的原材料、成品和半成品，督促检查基层单位物资采购、发放和管理工作。

提供符合国家规范、标准要求的安全防护用品，不合格的防护用品不得采购和发放使用。及时更换不合格的防护用品。

建立劳动保护用品、安全防护用品采购、验收、保管、发放、更换的制度和专项账、卡。

参加本单位组织的风险辨识与评价，定期开展物资系统安全检查，严格落实隐患整改措施。

组织制订物资材料采购、运输、保管、发放管理制度。

督促检查作业队材料人员的工作情况。

5.1.4.6 项目办公室主任

收集与项目部安全生产相关的安全信息，及时向项目部领导、部门、作业队和上级或其他部门传递。

5.1.4.7 项目安质部部长

负责对项目部作业队安全、质量和环境工作的现场监督、检查，对工程项目施工安全、质量和环境的各项措施进行督促、检查和落实。发现事故隐患，应及时向项目部分管领导报告。对违章指挥、违章操作的行为，应当立即制止。

执行《建设工程安全生产管理条例》和《建筑施工安全检查标准》（JGJ 59 — 2011）等有关国家、行业法规、规范、标准。开展日常、定期、专项和经常性的安全检查，检查督促整改措施的落实，及时消除安全隐患。

参加各单位的危险源辨识与评价，参与施工组织设计中安全技术措施的审核，并监督检查危险源管理方案、控制措施的执行情况。

协助有关部门做好安全措施费的计划、使用、统计工作。监督检查特种作业人员持证上岗和特种设备检测工作。

参加伤亡事故的调查和处理，做好工伤事故的统计，建立伤亡事故台账。

负责落实外部（建设单位、监理单位）、内部（局、公司）检查发现存在的安全问题的整改措施，并将有关安全的重大问题及时上报。

组织开展安全检查活动，协助有关部门做好安全生产的宣传教育和培训工作，推广先进经验。

5.1.4.8 作业队队长

作业队队长是作业队安全生产的第一责任人，对本作业队安全生产工作负总责。

贯彻落实党和国家安全生产的方针、政策、法令、法规以及公司的有关规定，主持制订本单位安全生产目标、安全生产责任制、安全管理制度和安全操作规程，协调各业务部门之间的安全生产工作，处理有关工作接口问题，保证安全生产工作的正常开展。

领导和主持本单位安全生产领导小组的工作，分析研究安全生产形势，制订改进、强化措施，对重大安全问题做出决策。

按照有关规定设置安全管理机构，配齐安全管理人员，并保持机构和人员的相对稳定。

保证安全生产资金的投入，为安全生产工作的正常开展提供必要的资金保证。

主持安全生产大检查，加强对重点、难点工程项目的安全管理，组织研究、解决安全生产工作中存在的问题。

按规定组织有关部门参加伤亡事故的调查，按照"四不放过"的原则，对事故有关责任人提出处理意见。

制订并实施危险作业过程中应急救援预案，发生事故后应立即报告，并迅速组织抢救。

5.1.4.9 作业队副队长

按照"管生产必须管安全"的原则，组织本队安全生产管理工作的开展，对本队安全生产工作负直接责任。

组织起草作业队安全生产计划、目标和阶段性安全工作计划、措施，审查作业队的各项安全生产规章制度和安全操作规程，并负责督促落实。

定期分析安全生产形势，制订具体措施，加强对重点、难点工程项目的安全管理，解决安全生产工作中存在的问题，确保安全生产。

参加或主持重点、难点工程项目安全技术措施的审定。

组织开展"百日安全无事故"和"安全月"等各项安全生产活动，组织"安全标准工地建设"的开展，总结推广先进经验。

组织定期开展安全生产知识和安全技术的教育和培训。

参加生产安全事故、事件调查，分析事故原因，制订改进措施。

5.1.4.10 作业队技术主管

对作业队施工安全技术负总责,组织对作业队施工生产供应过程的危险、危害因素进行辨识,确定重大危险源,编制重大危险源控制方案和应急预案。

组织编制作业队的安全技术措施和安全技术交底,对重点工程项目、部位和重要工序编制下达有关安全生产的技术措施,并督促检查和落实。

在深入现场检查工作的同时,检查作业人员安全施工规范和安全技术措施的执行情况。制止违章作业、违章指挥行为,发现隐患及时提出整改要求,保证作业人员安全。

参加定期和不定期安全质量大检查,对发现的问题督促整改,持续改进安全生产管理,不断提高安全工作水平。

负责作业队、驻地防洪、防灾工作的日常管理。

协同有关部门做好员工的技术培训、安全技术教育,提高员工安全作业技能。

参加安全质量事故的调查处理工作,负责组织汛期水害事故的调查处理工作。

5.1.4.11 作业队材料主管

负责施工生产供应物资材料(包括危险物品)的安全管理工作,对物资材料的安全使用和安全储存负责。按标准化要求堆放进场材料,合理布置消防设施,消除事故隐患。

负责安全防护用品和消防设施的采购、验收、取证、记录工作,并做好验收状态标识。

定期检查现场使用的安全设施和配件,不合格的及时更换。

认真落实安全技术规程,建立和完善有毒、有害、易燃易爆物品管理制度,确保搬运、储存过程中的安全。

参加风险辨识与评价和定期安全检查,认真落实隐患的整改措施。

掌握油料等易燃易爆物品的库存数量和避雷、防火、防盗设施的检测情况,检查库房值守人员的工作情况。

5.1.4.12 作业队施工员

对分管的作业队现场安全管理负直接责任。组织实施安全管理方案、重大危险源控制措施，严格按安全技术交底施工，制止违章操作和不安全行为，纠正物的不安全状态。

检查场内各种设备、设施和作业环境的安全状况，及时排除隐患。

参加危险源辨识与评价和定期安全检查，认真落实隐患的整改措施。

坚持文明施工，合理布置现场，并及时清理施工垃圾。

发生事故后迅速报告，抢救伤员，保护现场，参与事故分析，落实整改措施。

5.1.4.13 作业队专（兼）职安全检查员

负责对作业队现场安全的监督检查和有关安全技术交底、安全措施监督落实工作。

贯彻执行安全生产的方针、政策、法令、法规、标准、制度、上级指示、决定，督促检查生产作业场所人员的施工安全作业，制止违章违纪行为。

参与安全技术措施编制与修订，督促检查分部、分项、专项安全技术交底的落实情况。

配合有关部门抓好安全教育工作，提高职工安全操作技能和自我防护能力，检查特种作业人员持证上岗情况。

做好作业队现场安全日常巡查工作，发现安全隐患及时处理或签发隐患整改通知书，发现严重隐患时有权暂停生产，并立即向作业队负责人报告。

参加安全生产和消防安全检查，配合上级开展安全活动，促进安全管理达标。

配合有关部门做好防暑、防寒保暖和有毒有害物品防范工作，防止煤气和食物中毒，保证员工的安全与健康。

上传下达有关安全文件，按规定及时准确上报安全月报和工伤事故报表。

负责建立作业队安全管理台账，做到内容翔实，资料齐全。

参加工伤及未遂事故的调查、分析。

5.1.4.14 作业队工班班组长

负责工班作业人员的安全管理工作。认真执行上级有关安全生产的各项要求，组织本班组开展安全活动，并坚持做好班前有针对性的安全教育，并负责保存相关记录。

对新工人和换岗工人进行班组安全教育，经常针对本班组的实际情况进行安全技术和安全操作规程学习。

班前检查个人防护用品的佩戴情况、爬梯等安全防护设施的安全状况、周围班组的作业情况，防止事故发生。

坚决落实安全技术措施，认真执行安全技术交底，拒绝违章指挥，制止违章作业和不安全行为。

施工作业时，做到工完料净，文明施工，及时清理作业垃圾，并保持作业通道的通畅和安全。

参加作业队组织的危险源辨识与评价和定期安全检查，认真落实隐患的整改措施。

发生事故立即上报，并积极组织抢险，参与事故分析。

5.1.4.15 作业队作业人员

自觉遵守有关安全生产法规、规章、规程和劳动纪律，及时向现场管理人员反映施工现场不安全因素。

主动接受安全生产教育和培训。特种作业人员必须接受专门的培训，经考试合格取得操作资格证书，方可上岗作业。

严格按安全操作规程和安全技术交底进行操作，杜绝违章作业，不伤害自己，不伤害他人，有权拒绝违章指挥行为。

不断提高自身安全防范意识，正确使用和佩戴安全防护用具、用品。

发现事故隐患或发生事故立即报告。

5.1.5 项目部安全生产控制要点

5.1.5.1 安全重点监控项目

根据项目部施工性质，作业队在洞内施工、火工品使用、大型机械设备使用及维修、生产生活用电等项目存在安全隐患，安全风险较大，所以将以上项目作为项目部的安全监控重点项目。

5.1.5.2 安全重点监控项目保证措施

对安全生产的重点部位高度重视，教育员工自觉地遵章守纪，做好各项安全防护工作，制订严密的施工操作规程、安全技术措施和事故应急救援预案。

作业队的危险化学品使用和管理必须遵照2011年修订的《危险化学品安全管理条例》执行。

在作业队生产施工中要执行《中华人民共和国消防法》的相关规定，贯彻"预防为主，防消结合"的工作方针，建立和落实消防工作逐级负责制及防火安全责任制，制订灭火和应急疏散预案，定期组织消防检查和演练，确保工程建设中的消防安全。

5.1.6　安全生产管理的依据

《中华人民共和国安全生产法》（2021年修订版）。

《建设工程安全生产管理条例》（中华人民共和国国务院令第393号）。

《铁路路基工程施工安全技术规程》（TB 10302—2020）。

国家、相关部委、省及其他有关安全生产管理的法律、法规、标准等强制性文件。

集团公司、局、公司等相关安全管理体系、文件。

项目部与公司签订的合同、安全生产责任书。

5.2　安全生产管理制度

5.2.1　规章制度建立

为了全面贯彻《中华人民共和国安全生产法》，确保项目部"安全生产管理办法"的落实，使安全管理工作规范有序、安全生产管理体系有效运行，强化施工过程的安全管理和监控，服务于施工生产，保证施工生产安全有序、稳定可控，项目部严格按以下要求进行整章建制，建立健全体系，并认真执行。

根据施工生产实际情况和需要，制订各类人员和设备的安全操作规程，并汇编成册，全员掌握。

5.2.2　安全生产责任制度

坚持"管生产必须管安全"的原则，制订各级各类安全生产管理人员和作业人员的安全生产责任制，做到"安全生产，人人有责"。

安全生产责任制是安全管理制度的核心，是项目部各项管理制度的重要组成部分。实行分层制订、分级负责的原则，由主管领导主持，各作业队分别制订本单位各级、各类人员安全生产责任制，经本单位安全领导小组研究、审定、批准后下达执行。

全面建立并实行安全生产逐级负责制。项目部主要负责人对本单位安全生产工作全面负责；各作业队是安全工作的责任主体，各作业队对安全生产负责；作业班组是安全工作的落实主体，现场负责人负责各项安全生产规章制度的贯彻落实。

各级领导对分管工作的安全职责负责。各部门负责人和管理及技术人员对部门和岗位的安全职责负责。作业人员遵章守纪，对个人安全行为负责。

项目部对作业队安全生产责任制的落实情况进行考核，兑现奖惩。职能部门对安全生产责任制的制订和实施情况进行检查指导。考核按集团公司、公司、项目部及各作业队相关规定执行。

5.2.3 安全生产会议制度

为了加强各部门之间安全生产工作的沟通，推进安全管理，及时了解各作业队的安全状态，传达学习上级部门有关文件及会议精神等，项目部每月召开一次安全生产例会。各部门负责人和项目部专（兼）职安全生产管理人员必须参加会议，不得无故缺席。

会议由项目部经理主持，或者由项目部经理委托主管安全生产工作的副经理主持。回顾、总结、分析当月的安全生产工作，研究安全生产工作措施，安排部署下一阶段的安全生产工作，确定安全防范重点。此外，在召开生产会议期间，在布置工作的同时布置安全生产工作。

出现重大事故或特殊情况，项目部可随时召开安全生产会议，分析原因，找出问题，提出今后的工作要求。

作业队每周召开一次安全生产碰头会，总结本周的安全生产工作，指出施工现场和作业过程中存在的问题和安全隐患以及整改措施和处理结果，提出下周的安全生产工作。

班组要每天召开班前会和班后会，及时进行安全工作安排和总结。

对于会议上决定的情况，各部门和责任人必须不折不扣地认真执行，及时完成，并严格落实各项安全大检查中发现的安全隐患的整改计划。

安全检查主管部门分别做好项目部和作业队的会议记录，记录内容要详细、完整、真实，重要会议会后要下发会议纪要。

5.2.4 专项施工安全方案及专家论证、审批制度

针对项目部的施工特点，所采用的新技术、新工艺和新设备，以及重点

控制工程等，组织相关部门和人员编制专项施工安全方案，确保施工安全、设备安全和人员安全等。

严格施工安全方案审批程序。一般项目作业队根据施工项目的特点和具体要求，首先提出具体的安全施工方案或措施，上报项目安质部，经项目部经理、主管生产安全的副经理、安质部审议同意后，上报公司相关部门审批，批复后开始实施；重大项目由作业队根据施工项目的特点和具体要求，首先提出初步的安全施工方案或措施，然后上报项目部，由项目部组织相关单位、部门讨论，形成具体方案或措施，上报公司相关部门，审批后开始实施。

建立有效的信息渠道，保证该渠道的通畅。建立与现场沟通的有效信息渠道，及时反馈施工信息，既便于施工方案制订，也便于监督部门根据实际情况修改或调整实施中的施工方案。

对施工中涉及开挖爆破等危险性较大的工程必须编制安全专项施工方案，由作业队根据施工项目的特点和具体要求，首先提出初步的安全施工方案或措施，然后上报项目安质部，由项目部组织相关部门讨论，形成具体方案或措施上报公司，公司进行论证、审查，审批后方可实施。

5.2.5 安全活动制度

根据集团公司和公司安全生产精神要求，每年同步开展一次"百日安全无事故""安全生产月"竞赛活动，经常开展安全周活动。

开展党员责任区活动，做到党员身边无事故。

加强青年监督岗作用，不定期开展班组间安全知识及事故预测等安全活动。

安全生产事故处理组织机构每月进行一次检查考核评比，做到奖罚分明。

根据施工生产安排，及时开展各类安全活动，做到有组织、有计划、有总结。

5.2.6 安全交接班制度

安全值班人员每月或每周一人，轮流值班。

安全值班交接时间安排在每月（周）初第一天。

安全值班人员在值班期间要做好值班记录。在交接会前要做好准备，以便将值班时已解决的问题和要继续解决的问题及注意事项交接清楚。

交接会的主要内容是，上一月（周）安全值班领导向下一月（周）值班领导交接，上一级安全值班领导布置下一月（周）安全值班中的工作重点和有关要求。

项目部每月举行一次安全值班交接会。

5.2.7 班前安全讲话制度

对上级下发的通知、安全措施交底组织实施，对重点注意事项反复教育。

每次施工作业之前，施工负责人对全员讲解安全措施及安全注意事项。

施工作业过程中，对违反安全操作规程、安全措施的人员立即制止，并做记录。

经常对全员讲解作业队的各项规章制度、安全生产法等法律法规，以增强全员的安全意识。

5.2.8 事故应急预案及救援制度

为控制建设、生产施工过程中在安全管理方面潜在的重大事故、事件、紧急情况、环境破坏，并做出应急准备，预防或减少可能伴随的安全事故所造成的损失，最大限度地降低事故的损害程度，应有针对性地制订安全应急预案。

成立应急救援组织，配备应急救援人员，储备应急救援物资、器材、设备，定期组织演练。与邻近单位建立互救关系，与所在地政府主管部门、消防队、医院等单位建立联系。

作业人员上岗前，应组织作业人员进行项目应急知识及应急措施的教育培训，确保作业人员了解本岗位存在的危险源、安全隐患及事故发生前期的预兆、征兆，熟悉安全防范措施和事故应急措施。

各种应急物资、器材的存放地点应予明示，标明施工现场应急疏散通道。

机械物资部门应对应急救援机械设备进行备案管理，确保一旦有事件、事故发生，马上可以调集相应机械设备到达事故现场，参与救援活动。

安全生产事故应急救援预案的实施流程如下：事故发生，按照规定的时间及时上报；启动应急救援预案；采取积极有效的救援措施；救治人员；控制伤亡、损失，防止事态扩大；保护事故现场；提供有力的后勤保障；事故救援；事故调查；定性分析、处罚；撰写事故报告。

5.2.9 施工组织设计审查制度

施工组织设计中必须有明确的施工安全保证措施、新特工艺的安全生产保证措施和危险源管理方案。

审查施工组织设计方案本身是否安全可靠。

施工组织设计要严格执行审核、审批制度，签字、盖章手续齐全、完整、规范。

各种安全生产报表严格按集团公司、公司的要求及时准确地上报。

按照集团公司、公司的有关要求及规定严格执行，建立健全各项安全生产管理台账。

各种安全生产台账和档案要整齐、规范、统一，记录完整、全面、真实，具有可追溯性。

安全生产管理工作流程如下：建立安全生产组织机构；制订安全生产责任制；开展岗前安全教育培训；进行安全监督检查；召开安全生产会议；落实安全措施费用的投入；各部门监督管理；安全考核和奖罚；整改、消除隐患；安全生产。

5.2.10　安全生产操作规程制度

作业人员安全操作规程由本工种安全操作规程（通用部分）和施工技术部门针对本作业项目制订的安全技术交底（专用部分）两部分组成，作业人员应一并遵照执行。

各工种安全操作规程的收集、编制、发布、实施、修订，实行专业归口管理。机械设备、电器设备的安全操作由机电部归口管理；土木施工各相关工种的安全操作由工程管理部门归口管理。安质部负责搜集、汇总项目部各类操作规程。

安全操作规程应作为安全技术培训、技术考核的主要内容，是作业安全的技术保证。各站队应及时印发各工种的安全操作规程，组织作业人员培训、考核，考核不合格者不得上岗作业。

5.2.11　安全生产投入制度

本着满足安全生产需求的原则，项目部对安全生产投入（安全措施费）实行计划管理。安全生产措施费平均不低于施工产值的2‰。概预算中确定的安全措施费必须专款专用。

测算安全生产的重点、难点及重大危险源的安全技术措施、防护方案及应急预案等相关费用，纳入安全措施费计划。

在生产过程中，遇有计划资金不足时，应以保证安全生产有效投入为原则，可增加安全资金投入，不做计划调整，但应纳入安全措施费台账和财务决算。

对列入建设工程概算的安全作业环境及安全施工措施所需的费用，应专款专用，不得挪作他用。

加大在安全科技方面的投入，开发、推广和创新安全管理科技成果和技术手段，技术部门应将研究课题及时列入科研计划，确保资金的有效投入。

5.2.12 安全生产上墙管理制度

为进一步加强安全生产管理工作，规范安全生产管理程序和操作工人的作业行为，堵塞安全生产管理漏洞，从根本上消除各类安全隐患，各作业队实施规章管理制度和安全操作规程上墙管理制度。

上墙管理制度的基本内涵是，通过明示并规范各项施工作业指令，提供技术参数等信息，使每道工序的作业人员对各项操作的具体内容、标准和要求等，真正做到"一目了然"，易于遵守执行，减少操作差错。

上墙管理应与公司相关管理体系文件运行结合起来，逐项识别与安全管理控制相关的各项活动，分解、确定每个作业活动实施安全生产上墙管理的内容，充分发挥上墙管理制度的功效。

5.2.13 安全生产事故处理制度

在发生安全事故后，事故现场有关人员应当立即报告现场负责人，负责人接到事故报告后，应当迅速采取有效措施，组织抢救，防止事故扩大，减少人员伤亡和财产损失。

发生责任人身死亡及以上事故后，现场负责人应当在 30 min 内直接或逐级以电话方式上报项目经理和调度人员，并在 3 h 内以书面形式上报。对出现安全生产事故而隐瞒不报的或存在重大安全隐患被媒体曝光的，追究责任单位的相关责任。

发生伤亡事故后，相关单位根据《生产安全事故报告和调查处理条例》（中华人民共和国国务院令第 493 号）、《工程建设重大事故报告和调查程序规定》（原建设部令第 3 号）进行安全事故调查处理。

施工人员人身伤亡事故的责任判定按《铁路交通事故调查处理规则》（原铁道部令第 30 号）办理。

事故责任依次划分为全部责任、主要责任、重要责任、次要责任和无责任。项目将对责任单位和个人按集团公司、公司相关规定进行必要的处罚，罚款金额由安质部拟定，报项目安全生产领导小组核定后执行。

5.2.14 安全生产教育培训制度

为加强全员安全教育与培训工作，特别是施工一线作业人员的安全教育和技术培训工作，提高全员安全技能和自我防范意识，使其牢固树立"安全第一，预防为主，综合治理"的思想，自觉遵守各项安全生产法令和规章制度，以减少各类事故发生，特建立本安全教育培训制度。

培训合格，方可上岗。

电工、焊工、架子工、爆破工、起重工、信号工和各种机动车辆司机等特殊工种必须持证上岗。除进行一般安全教育外，还要经过本工种特殊安全技术培训，取得特种作业操作证，方可独立操作。操作证每两年还要进行一次复审。对从事有尘毒危害作业的工人，要进行尘毒危害和防治知识教育。

作业队要定期轮训本作业队管理人员，其中副队长、安全员、技术负责人、作业班组长是安全教育的重点。

采用新技术、新工艺、新设备施工和调换工作岗位时，要对操作人员进行新技术操作和新岗位安全教育，未经教育不得上岗操作。

作业队对新进场工人（包括合同工、外包工、临时工、学徒工、实习人员和代培人员）必须进行初步安全教育。在做好新工人入场教育的同时，作业队还必须把经常性的安全教育贯穿于管理工作全过程。根据接受教育对象不同的特点，可采取办安全生产黑板报、宣传栏、书写安全标志和标语口号以及定期召开安全工作会议等方式。

新从业人员"三级"安全生产教育培训：对新从业人员进行"三级"安全生产教育培训。培训结束后做好培训考核记录，培训考核记录包括时间、地点、主讲人、参加人员签到表等内容。上报分部培训考核情况，接受分部对"三级"安全教育培训情况的监督检查。

公司级的安全教育培训：由公司安质环保部具体负责公司级安全教育，

即对主要管理人员和进场作业人员进行安全教育培训。

项目级安全教育培训：

（1）国家的安全生产方针，安全生产劳动保护方面的法律法规，铁路工程施工安全技术规则。

（2）建设单位、上级单位、分部有关安全生产方面的规章制度、劳动作业纪律。

（3）目前安全生产形势，安全生产事故案例分析。

（4）应急救援预案，培训如何在突发事件时抢救伤员、疏散人群、保护现场和及时进行报告。

作业队级的安全教育培训：由作业队负责人、安全员负责组织作业人员进行现场规章制度和遵章守法的安全教育。

作业队级安全教育培训主要内容如下：

（1）隧道施工机械化作业队施工特点及施工安全基本知识。

（2）隧道施工机械化作业队（包括施工、生产现场）安全生产制度、规定和注意事项。

（3）本工种安全技术操作规程。

（4）高处作业、机械设备、电气安全基本知识。

（5）防火、消毒、防尘、防爆知识及紧急情况安全处置和安全疏散知识；

（6）防护用品发放标准及使用基本知识。

班组级的安全教育培训：由各作业班组长组织班组安全教育培训，即由各作业班组长主持，班组安全员协助对作业工人进行日常安全教育。

- 班组级安全教育培训的主要内容如下。

（1）本班组作业特点及安全操作规程；

（2）班组安全活动制度及纪律；

（3）爱护和正确使用安全防护装置（设施）及个人劳动防护用品；

（4）本岗位易发生事故的不安全因素及防范对策；

（5）本岗位作业环境及使用的机械设备、工具的安全要求。

特种作业人员的安全教育培训：对特种作业人员安全教育培训包括取证培训和针对本项目实际的安全教育培训。特种作业人员的取证培训由技术监督部门组织。具体由各分部根据施工需要提报培训计划及人员，汇总后上报公司人事部门统一联系地方技术监督部门进行取证培训。

针对本项目实际对特种作业人员进行安全教育培训，由各分部组织。主要培训内容如下：

（1）安全生产法律法规。

（2）国家规定的与本工种相适应的、专门的安全理论知识和操作技能。

（3）本工种的安全技术操作规程。

（4）本工种作业场所和工作岗位存在的危险因素、防范措施及事故应急措施。

在岗从业人员经常性安全生产教育培训：在岗从业人员经常性安全生产教育培训由分部负责组织，主要内容如下。

（1）安全生产新知识、新技术。

（2）安全生产法律法规。

（3）作业场所和工作岗位存在的危险因素、防范措施及事故应急措施。

（4）安全生产事故案例。

转岗、换岗人员安全教育培训：转岗、换岗人员安全生产教育培训由分部组织，主要内容如下。

（1）安全生产法律法规及安全生产基本知识，安全生产规章制度及劳动纪律。

（2）岗位安全操作规程，有关安全事故案例。

5.2.15 安全生产技术交底制度

员工上岗前，负责具体项目的施工技术负责人和安质人员必须做好员工的岗位安全操作规程交底工作，做好分部分项工程的安全技术交底。

安质人员必须做好转岗人员的安全技术交底。

各项安全技术交底内容必须完整，且有针对性。

安全技术交底的依据如下。

（1）有关法律法规和其他要求。

（2）施工组织设计（施工专项方案）。

（3）安全操作规程。

（4）对重大风险所采取的措施。

安全技术交底的分级如下。

（1）分部负责在重点工程实施前向分部管理人员进行安全技术方案的交底。

（2）分部工程部负责在各分部、分项工程、关键工程专项方案实施前，向分部工程部管理人员进行安全技术措施交底。

（3）作业队队长或班组长及技术人员、安全人员负责在操作人员实施作业前向作业人员进行班前交底。

安全技术交底的要求如下。

（1）工程项目安全技术交底分为施工组织设计交底、专项施工方案交底、分部分项工程交底、单项作业工序和工艺安全交底等。

（2）施工组织设计交底由总工程师或工程部部长主持，分部分项、关键工程专项方案安全技术交底由工程部主持，分部现场技术主管（技术员）负责交底至班组及操作人员。

（3）各工种及各种机电设备等安全交底由安质环保部、机电部主持，隧道施工机械化作业队现场专职安全员主持交底至班组及操作人员。

安全技术交底的内容如下。

（1）工程分部分项工程的概况、作业部位和内容。

（2）工程项目或者分部分项工程的危险部位，针对危险部位采取的具体预防措施和应急救援预案。

（3）作业中应注意的安全事项，作业人员发现事故隐患应采取的措施和危及生命安全时应采取的应急躲避措施。

（4）作业人员应遵守的安全操作规程和规范等。

各类安全技术交底应做到以下几点。

（1）安全技术交底与工程交底、工作计划、施工安排同时进行。

（2）编制安全施工方案，实行逐级交底。

（3）交底内容明确，针对性强，对施工工艺复杂、施工难度较大或作业条件危险的分部分项工程潜在的危险因素应当单独进行工种交底。

（4）每天作业前，各班组长应当针对当天的工作任务、作业条件和作业环境，以及作业中应注意的安全事项向具体作业人员进行交底，并将参加交底人员名单和交底内容记录在班前安全活动中。

（5）交底各方各有一套书面交底记录，并在技术、施工、安全三方部门备案。

（6）所有安全技术交底，除口头交底外，必须在书面交底记录上履行签名手续。

（7）各项安全技术交底内容必须记录在统一印制的表格上，写清交底的工程部位及交底时间，签上交底人和被交底人的名字。

（8）对于各项交底表格，交底人和被交底人各执一份。

5.2.16 安全生产检查制度

为了保证施工安全管理制度得以落实，消除安全隐患，确保施工安全，根据项目实际情况及相关要求，特制订以下安全检查制度。

5.2.16.1 工作原则

（1）每次安全生产检查必须建立有领导负责、有领导小组成员参加的检查组。

（2）检查工作必须有明确的目的、要求和具体计划。

（3）对检查发现的问题，应由安质、技术、机电等部门人员制订纠正、预防措施，限期整改，务必做到条条有落实、件件有交代。

5.2.16.2 检查方式和内容

普遍性检查：普遍性检查是以"查事故隐患、查作业纪律、查规章制度、查标准化作业、查干部思想"的"五查"为主要内容的安全检查。

专项检查：专项检查是以查某一专业性工作为内容的安全检查，如隧道施工等。

季节性检查：季节性检查是对雨季、冬季等季节性施工安全情况进行的检查。

日常性检查：日常性检查是隧道施工机械化作业队、班组以查具体施工作业安全为内容的日常检查工作。

5.2.16.3 检查时间

普遍检查：作业队每周进行一次常规检查，专职安全员每天进行安全生产检查。

专业检查：项目部根据安全生产情况及有关制度组织进行。

季节检查：根据所在地区自然条件组织进行。

5.2.16.4 检查总结

普遍检查、专业检查完毕后,由检查组组织召开专题会议,通报存在的问题,分析原因,制订纠正、预防措施,并落实到人。

检查记录中要指出检查中发现的问题、存在问题的原因和解决问题的方法要求。务必做到问题清楚、原因明确、措施具体。

5.2.16.5 检查整改

针对检查中发现的问题,要实施通报,各部门、班组必须在通报规定的时间内整改完成。

5.2.16.6 结果验证

检查组根据会议对存在问题的整改时间要求,由安质部对整改结果进行验证。

5.2.17 "三检查一交接"制度

工班班长负责组织班前、班中、班后三次检查,对检查中发现的问题,应及时解决,如无法解决应立即上报。

班前检查内容:检查作业场所是否安全,工具、设备及其安全装置等是否良好;检查生产人员是否精力充沛;检查操作人员是否执行安全技术操作规程。

班后检查内容:分析目前工地上还有哪些不安全因素,提出解决办法;对不遵守劳动纪律及违章作业人员进行批评,分析未遂事故、事件。

对于轮班作业的工点,各工班班长负责做好交接班工作。

交接班双方交接主要内容:

(1) 施工进度、上一班的操作方法和下一班应采取的方法。

(2) 领工员及安全员、质量员对本工点的要求,上一班的执行情况,本班还应继续做些什么。

(3) 生产工具、机械设备及安全防护设施的完好情况。

(4) 一个工点有几个工种同时施工时,除班长参加交接工作外,工种负责人也参加交接工作。交接完毕后,接班负责人向生产员工布置本班工作,同时交代上班安全情况,提出本班安全要求。

(5) 交接班时必须做到:对情况要看到,对工地各点要走到,对不安全因素要指到,对预防事故措施要说到。

（6）交接班完毕后，由交接班负责人填写"交接班记录簿"，并签字。

（7）使用完毕后的交接班记录簿，统一由安全员保管备查；待工程竣工、正式交付使用后销毁。

5.2.18 危险岗位的操作告知制度

作业队应根据危险源辨识及风险评价情况，确定危险岗位，由隧道施工机械化作业队组织编制详细的危险岗位操作规程并发放给作业班组。

由作业队以书面形式统一向危险岗位的作业人员进行书面交底，并需双方签字，提供危险岗位的危险源及其危害、危险岗位安全技术操作规程，告知危险岗位的正确操作程序、要求、注意事项、紧急情况下的应急措施，以及违章操作的危害。在危险岗位的工作场所应进行危险源公示或张挂安全操作规程。

作业队必须对危险岗位作业人员配齐安全防护用具和安全防护服装，并监督他们按要求使用和着装。

对于施工过程中新确定的危险岗位或原危险岗位新的重大危险源，作业队应按要求向相应的危险岗位作业人员书面告知危险岗位的安全操作规程和违章操作的危害。

5.2.19 意外伤害保险制度

5.2.19.1 保险范围

项目部为施工现场从事施工作业和管理的人员，在施工活动过程中发生的人身意外伤亡事故提供保障，办理建筑意外伤害保险并支付保险费；范围应当覆盖工程项目；已参加工伤保险的人员，从事现场施工时仍可参加建筑意外伤害保险。

5.2.19.2 保险期限

保险期限应涵盖工程项目开工之日到工程竣工验收合格日；提前竣工的，保险责任自行终止；延长工期的，应当办理保险顺延手续。

5.2.19.3 保险金额

最低保险金额要能够保障施工伤亡人员得到有效的经济补偿，不低于当地建设行政主管部门确定的最低保险金额标准。

5.2.19.4 保险费

保险费应当列入建筑安装工程费用。保险费由分部支付,不得向职工摊派。分部和保险公司双方应本着平等协商的原则,根据各类风险因素商定建筑意外伤害保险费率。

5.2.19.5 投保

分部应在工程项目开工前办理完投保手续。鉴于工程建设项目施工工艺流程中各工种调动频繁,用工流动性大,投保实行不记名和计人数的方式。

5.2.19.6 索赔

在发生意外事故后即向保险公司提出索赔,使施工伤亡人员能够得到及时、足额的赔付。

5.2.20 突发事件应急救援制度

成立应急抢险队,根据项目部下发的应急预案和本队的风险特点,补充、细化本队的应急预案、应急措施,尤其是针对一线作业人员的应急程序和应急救援方法。

针对应急预案,做好应急准备,储备应急物资,组织应急培训,可组织应急演练。

5.2.21 安全事故报告制度

5.2.21.1 事故分类

一般事故:一般事故是指造成3人以下死亡,或者10人以下重伤(包括急性工业中毒,下同),或者1000万元以下直接经济损失的事故。

较大事故:较大事故是指造成3人以上10人以下死亡,或者10人以上50人以下重伤,或者1000万元以上5000万元以下直接经济损失的事故。

重大事故:重大事故是指造成10人以上30人以下死亡,或者50人以上100人以下重伤,或者5000万元以上1亿元以下直接经济损失的事故。

特别重大事故:特别重大事故是指造成30人以上死亡,或者100人以上重伤,或者1亿元以上直接经济损失的事故。

5.2.21.2 事故现场保护

事故发生后,事故单位除组织力量救援外,还要组织力量做好事故现场保护工作。

5.2.21.3 事故现场保护的措施

原则上不得破坏事故现场,如应急抢救需移动现场的,应将事故重要部位、痕迹、血迹、破损物件等做出标记,对其中容易消失的痕迹,可当即收集并做好记录,请目击人或肇事见证人签字。

伤者在现场急救或送往医院前,应将原来躺卧的部位做上标记。如伤者神志清醒,要及时询问并记录。

将事故现场拍成照片或影像,并在照片上对事故重要部位做上标记并注明数据。

圈定事故现场保护区,由公安或指定专人看守,以防破坏。

监护肇事人。不经同意不准肇事人与他人谈论事故情况。

注意在事故现场寻找见证人。

5.2.21.4 事故报告原则

一般事故发生后,事故现场有关人员应当立即向作业队负责人或安质室报告;单位负责人接到报告后,应当立即向项目安质部报告。项目安质部在 1 h 以内,根据领导指示,以电话方式上报建设单位和公司、局相关部门。既有线施工发生铁路交通事故,按《铁路交通事故应急救援和调查处理条例》(中华人民共和国国务院令第 501 号)和《铁路交通事故调查处理规则》(原铁道部令第 30 号)的规定报告运营管理单位和局、公司相关部门,再由项目安质部报告到监理、建设单位,并配合铁路局等有关部门的调查处理。

5.2.21.5 安全生产事故报告的内容

(1)发生事故的时间、地点、单位。

(2)事故的简要概述、伤亡情况、直接经济损失的初步估计。

(3)初步判断事故发生的原因。

(4)事故发生后采取的措施及控制的情况。

(5)其他需要报告的事项。

5.2.21.6 各级安全责任人接到事故报告后的处理原则

(1)根据"应急救援预案"和事故的具体情况,迅速采取有效措施,组织救治、抢救。

(2)千方百计防止事故扩大,减少人员伤亡和财产损失。严格执行救护规程和规定,严禁救护过程中的违章措施和冒险作业,避免救护中的伤亡和财产损失。

（3）注意保护事故现场，不得故意破坏事故现场，毁灭有关证据。

（4）重伤、死亡事故发生后，事故隧道施工机械化作业队的主要负责人应当立即赶到现场组织抢救。较大及以上事故的抢救应当成立现场指挥部，由隧道施工机械化作业队或项目部、相关上级单位统一指挥。

作业队要整理和保管事故登记表、调查报告、事故批复书，在项目结束后，将有关档案资料移交项目安质部。

有意隐瞒不报、谎报或拖延处理超过规定时限的，将加重处理。

5.2.22 特种作业人员持证上岗制度

特种作业人员是指其作业场所、操作的设备、操作的内容具有较大的危险性，容易发生伤亡事故，或者容易对操作者本人，以及他人和周围设施的安全有重大危害因素的作业人员。

特种设备的作业人员及相关管理人员统称特种设备作业人员。

施工现场特种作业人员主要包括电工、电焊工、登高架子工、爆破工、空压机操作人员等。

施工现场特种设备作业人员主要包括整体提升脚手架、轮式起重机、龙门吊、塔吊等自升式架设设施的操作人员。

本制度对特种作业人员和特种设备的作业人员在下文中统称为特殊工种。

特种作业人员持证上岗要求：按照《中华人民共和国安全生产法》和《建设工程安全生产管理条例》及国家质量监督检验检疫总局《特种设备作业人员监督管理办法》的规定，凡从事特种作业的人员，必须取得县级及以上监督管理部门颁发的"中华人民共和国特种作业操作证"，方可从事相应的作业。特种设备作业人员必须经县级及以上质量技术监督部门考核合格并取得"特种设备作业人员证"后，方可从事相应的作业。

特殊工种管理：由作业队建立特殊工种台账，登记造册，保存一份复印件进行备案，同时报项目安质环保部备案。对于特殊工种的操作证申办、复审等事宜，由隧道施工机械化作业队配合项目部劳动人事部门具体办理。所有取得相应上岗证书准备从事特殊工种的作业人员，上岗前必须经过身体检查，合格后方准上岗。

特种作业人员在作业过程中应严格按照本工种的安全操作规程作业，履行岗位职责，不得擅离职守。

凡有职业禁忌证的人员不得从事相关特殊岗位作业。

特种作业人员应服从现场管理人员的管理。对违章指挥的行为有权拒绝，并有权向上级举报。

特种作业人员在作业过程中如发生紧急事故和危及人身安全的事件，有采取紧急避险的权利。

从事特种作业的各班组应进行经常性培训，并做好相应的记录。

特种作业人员离岗半年以上重新上岗的，应重新经实际操作考试合格，并取得相应的上岗证书后方可上岗。

取得"中华人民共和国特种作业操作证"的人员每两年进行一次复审，连续从事本工种10年以上的，经单位进行知识更新后，每6年复审一次。

5.2.23 劳动防护用品管理制度

5.2.23.1 使用劳动防护用品的原则要求

使用劳动防护用品必须根据劳动条件，需要保护的部位和要求，科学合理地进行选型。

使用人员必须熟悉劳动防护用品的型号、功能、适用范围和使用方法。

使用人员必须严格按照规定正确使用劳动防护用品。使用前，要认真检查，确认完好、可靠、有效，严防误用或使用不符合安全要求的护具，禁止违章使用或擅自代用。

特殊防护用品还应经培训、实际操作考核合格后，方能使用。

职工进入生产岗位、检修现场，必须按规定穿戴劳动防护用品，并正确使用劳动防护用品。

不许穿戴（或使用）不合格的劳动防护用品，不许滥用劳动防护用品。对于在易燃、易爆、烧灼及有静电发生的场所进行明火作业的工人，禁止发放化纤防护用品。防护服装的式样应当以符合安全生产要求为主，做到适用、美观、大方。

劳动防护用品应妥善保护，不得拆改，应经常保持整洁、完好，起到有效的保护作用，如有缺损应及时处理。

5.2.23.2 劳动防护用品的管理

由作业队材料室根据劳动防护用品配备标准以及各工种的劳动环境和劳

动条件，配备具有相应安全、卫生性能的劳动防护用品。

对于安全帽、安全带、绝缘护品、防毒面具和防尘口罩等职工个人特殊劳动防护用品，必须根据特定工种的要求配备齐全，并保证质量。

物资部应对购进的劳动防护用品进行验收。

特种劳动防护用品必须具有安全生产许可证、产品合格证和安全鉴定证。对一般劳动防护用品，应该严格执行其相应的标准。

凡是从事多种作业或在多种劳动环境中作业的人员，应按其主要作业的工种和劳动环境配备劳动防护用品。如配备的劳动防护用品在从事其他工种作业时或在其他劳动环境中确实不能适用，应另配或借用所需的其他劳动防护用品。

一般个人劳动保护用品必须按照规定的时间发放，不得拖延。对于特殊劳动保护用品，若需要时可向物资部提出申请，经同意后发放。

建立和健全劳动防护用品发放登记台账，按时记载发放劳动防护用品情况和办理调转手续，定时核对各工种岗位劳动防护用品的种类和使用期限。

凡发给隧道施工机械化作业队班组公用的劳动防护用品，应指定专人管理。如有丢失，要查清责任，折价赔偿。属于借用的，应按时交还。

应定期检查劳动防护用品，其失效后应报废。

禁止将劳动防护用品折合现金发给个人，发放的防护用品不准转卖。

5.2.23.3　劳动防护用品必须符合的条件

对特种劳动防护用品，国家实施安全生产许可证、产品合格证和安全鉴定证制度；对一般劳动防护用品，应该严格执行其相应的标准。

能够有效地预防对人各个暴露部位的危害，达到全面防护的目的。

必须符合安全要求，适用、美观、大方，使职工穿着舒适，佩戴、使用方便，不妨碍作业活动。

选用轻质材料，耐腐蚀，抗老化，对皮肤无刺激，各部件、配件的吻合严密，牢固，经济耐用。

5.2.24　安全标志使用管理制度

施工现场的各种安全设施、安全防护以及危险部位和危险场所必须按规定悬挂安全标志。

安全标志包括安全色和安全标志。安全色是指传递安全信息含义的颜色，包括红色、蓝色、黄色和绿色。

（1）红色表示禁止、停止、危险等意思。

（2）蓝色表示指令，要求人们必须遵守规定。

（3）黄色表示提醒人们注意。凡是警告人们注意的器件、设备及环境应以黄色表示。

（4）绿色表示给人们提供允许、安全的信息。

（5）对比色是使安全色更加醒目的反衬色，包括黑、白两种颜色。

安全标志分为禁止标志、警告标志、指令标志和提示标志四类。

（1）禁止标志的基本形式是带斜杠的圆形边框。

（2）警告标志的基本形式是正三角形边框。

（3）指令标志的基本形式是圆形边框。

（4）提示标志的基本形式是正方形边框。

安全标志的使用场所与类型如下。

（1）具有火灾危险物质的场所，应悬挂"禁止吸烟""禁止烟火""当心火灾""禁止明火作业"等标志牌。

（2）进行设备、线路检修以及零部件更换时，应在相应设施、设备、开关箱等附近悬挂"禁止合闸""禁止启动"等标志牌。

（3）专用的运输车道、作业场所的沟、坎、坑、洞等地方，应悬挂"禁止跨越""禁止靠近""当心滑跌""当心坑洞"等标志牌。

（4）有坍塌危险的脚手架、龙门吊、施工电梯等场所，应悬挂"禁止攀登""禁止逗留""当心落物""当心坍塌"等标志牌。

（5）有危险的作业区，如起重吊装、交叉作业、高压线、输变电设备附近，应悬挂"禁止通行""禁止靠近""禁止入内"等标志牌。

（6）高处作业场所、深基坑周边等场所应悬挂"禁止抛物""当心滑跌""当心坠落"等标志牌。

（7）旋转的机械加工设备旁应悬挂"禁止戴手套""禁止触摸""当心伤手"等标志牌。

（8）在总配电房、总配电箱、各级开关箱等处应悬挂"当心触电""有电危险"等标志牌。

（9）在钢筋加工机械、电锯、电刨、砂轮机、绞丝机、打孔机等机械设备的旁边应悬挂"当心机械伤人""当心伤手"等标志牌。

（10）在脚手架、高处平台、地面的深沟（坑、槽）等处应悬挂"当心坠落""当心落物""禁止抛物"等标志牌。

（11）在各种需要动火焊接的场所，应悬挂"必须戴防护眼镜""当心火灾""必须穿防护鞋""注意安全"等标志牌。

（12）在进入施工现场的大门处，必须悬挂"进入施工现场必须正确佩戴安全帽""高处作业施工必须系安全带"等标志牌。

（13）在大型机械设备等旁边应悬挂"安全操作规程"等标志牌。

（14）在出入通道口、基坑边沿等处，除设置相应的标志牌外，夜间还应设红灯警示，保证有充足的照明。

安全标志牌的管理要求如下。

（1）各单位应根据工程大小、不同施工阶段、施工现场周围环境以及季节、气候的变化，统一组织在施工现场设置相应数量和不同种类的安全标志牌。安全标志必须符合国家标准化体系的要求。

（2）便桥便道的相关标志视施工现场实际情况，按 GB 5768《道路交通标志和标线》系列国家标准的规定执行。

标志的制作、安装和设置要求应符合国家有关强制性标准的规定。

（1）各单位安质部门负责组织制订安全标志具体悬挂部位和使用采购计划，绘制安全标志平面图，统一保管安全标志，填写、保管安全标志管理台账和资料。

（2）安全标志应设置在明显的位置，以便作业人员和其他进入施工现场的人员看到。

（3）各种安全标志设置后，任何人不得擅自移动或者拆除。

（4）任何人不得损坏标志牌，违者按违章作业进行处罚。

（5）各单位应明确专人负责施工现场安全标志的维护和管理，并定期对标志牌、警示灯的完好情况进行检查，发现残缺或者毁坏的标志牌、警示灯要及时修整、更换，确保标志牌、警示灯的有效使用。

（6）各单位应教育施工人员遵守安全标志牌的要求，爱护安全标志牌，对破坏安全警示牌的行为要坚决制止，并按照有关奖惩制度进行处罚。

5.2.25 施工用电和管理制度

施工用电工作必须贯彻"安全第一、预防为主、综合治理"的方针。施工现场一切用电必须执行铁路工程施工相关安全技术规程及《建筑与市政工程施工现场临时用电安全技术标准》（JGJ/T 46 — 2024）的规定。

5.2.25.1 电气作业人员必须具备的条件

电气工作人员必须具备必要的电气知识，按其岗位和工作性质，熟悉安全操作规程和运行维修操作规程，并经考试合格取得操作证后方可参加电工工作。

凡带电作业人员应经专门培训，并经考试合格和领导批准后方可参加带电作业。

实习人员和临时参加电工工作的人员必须经领导批准后方可参加带电作业。

供电工作人员应加强自我保护意识，自觉遵守供电、安全、维修规程，发现违反安全用电并足以危及人身安全、设备安全的行为时应立即制止。

电气工作人员应掌握触电急救常识。

5.2.25.2 电器设备安装规则

根据有关文件规定，在安装电器设备时必须使用三相五线制，工作零线与保护零线分开使用。

保护零线或保护接地线的线路上不准装有刀闸、熔断器并多处重复接地，所有的电器设备外壳和人身所接触到的金属结构上都必须采取保护接零或保护接地。

在同一个供电系统中坚决不允许采用一部分保护接零，而另一部分保护接地的做法。

5.2.25.3 安全防护用品的作用与管理

设备运行检修人员常用的安全防护用品有工作手套、绝缘鞋、长袖工作服、电工所使用的工具等。

安全防护用品设专人保管并负责监督检查，保证其随时处于备用状态。防护用品应存放在清洁、干燥、阴凉的专用柜中。

设备运行人员及检修人员要接受专业安全防护教育及安全防护用品使用培训。

5.2.25.4 现场配电安装及检查

对于施工现场和生活设施以及加工场地的供电、用电工程，凡设立期限超过半年的，均应按正式工程安装。

柱上变台宜装设围栏，室外地上变台必须装设围栏，围栏要严密，并应在明显位置悬挂"高压危险"等警告牌，围栏内应设有操作台。

各种绝缘导线均应架空敷设。无条件做架空线路的工程地段，应采取护套缆线；缆线易受伤的线段应采取保护措施。

遇大风、台风、大雪及雷雨天气时，应立即进行配电线路的巡视检查工作，发现问题及时处理。

所有电气设备的金属外壳以及和电气设备连接的金属构件必须采取妥善的接地或接零保护。

电气设备的接地线或接零线应使用多股铜线，禁止使用独股铝线。

接地线或接零线不得有接头，与设备及端子连接必须牢固可靠，接触良好，压接点一般设在明显处，并有绝缘保护，导线不应有拉力。

凡未经检查合格的电气设备均不得安装使用。使用中的电气设备应保持正常工作状态，绝对禁止带故障运行。

凡露天使用的电气设备，应有良好的防雨性能或采取妥善的防雨措施。凡被雨淋、水淹的电气设备应进行必要的干燥处理，经摇测绝缘合格后，方可再行使用。

凡移动式设备及手持电动工具，必须装设漏电保护装置。

各种电动工具使用前，均应进行严格的检查，其电源线件不应有破损、老化等现象，其自身附带的开关必须安装牢固，动作灵敏可靠，禁止使用金属丝绑扎开关或有带电体明露，插头、插座应符合相应的国家标准。

掌子面照明灯、局部照明灯、行灯，其电压不应超过 36 V，在特别潮湿的场所及金属容器或金属管道内工作的照明灯电压不应超过 12 V，行灯电源线应使用护套缆线，不得使用塑料软线。

非专业电气工作人员严禁乱动电气设备。

任何单位、任何个人不得指派无电工操作证的人员进行电器设备的安装、检修等工作。

严禁以任何理由强制电工进行违章作业。

洞内高低压电缆、电线必须上墙架设，其架设高度必须高于洞内最高移动设备的高度，如确无条件上墙架设时（如一衬施工段），必须设安全防护，并有明显的标志。

洞内高压电缆头、变压器、配电箱等必须设醒目的"有电危险"标志，并配置消防设备。

5.2.25.5 触电急救

脱离电源：如果触电者尚未脱离电源，救护者不应直接接触其身体，应设法迅速使其脱离电源，并防止触电者摔伤。脱离电源的方法包括：断开电源开关；用相适应的绝缘物使触电者脱离电源；现场可采用短路法使开关跳闸或用绝缘杆挑开导线等。

急救：触电者呼吸停止，心脏不跳动，如果没有其他致命的外伤，只能认为是假死，必须立即进行抢救，争分夺秒是关键。请医生和送医院过程中，不准间断抢救，抢救以人工呼吸和心脏按压为主。

5.2.25.6 临时用电管理

施工现场临时用电设备在 5 台及以上或设备总容量在 50 kW 及以上者，应编制临时用电组织设计。

临时用电组织设计包含的内容如下。

（1）现场勘测。

（2）确定电源进线、变电所或配电室、配电装置、用电设备的位置及线路走向。

（3）进行负荷计算。

（4）选择变压器。

（5）设计配电系统（设计配电线路，选择导线或电缆；设计配电装置，选择电器；设计接地装置；绘制临时用电工程图纸，主要包括用电工程总平面图、配电装置总平面图、配电系统接线图、接地装置设计图）。

（6）设计防雷装置。

（7）确定防护措施。

（8）制订安全用电措施和电气防火措施。

进行临时用电组织设计及变更时，必须履行"编制、审核、审批"的程序，由电气工程技术人员组织编制，经相关部门审核及具有法人资格企业的技术负责人批准后实施。变更设计时应补充有关图纸资料。

临时用电工程必须经编制、审核、审批部门和使用单位共同验收，合格后方可投入使用。

5.2.25.7 安全技术档案

施工现场临时用电必须建立安全技术档案，包括用电组织设计的全部资料，修改电组织设计的资料，用电技术交底资料，用电工程检查验收表，电气设备的试验凭单和调试记录，接地电阻、绝缘电阻、漏电保护器等漏电动作参数测定记录表，定期检查表，电工安装巡检维修拆除工作记录。

安全技术档案应由主管现场的电气技术人员建立和管理。其中"电工安装、巡检、维修、拆除"的工作记录可指定电工管理。

临时用电工程应定期检查，检查时应复查接地电阻值和绝缘电阻值。

临时用电工程应定期检查，应分部、分项进行，对安全隐患必须及时处理，并履行复查验收手续。

5.2.26 爆炸物品安全管理制度

为了严格管理现场施工爆炸物品，预防被盗、丢失和爆炸事故发生，防止被犯罪分子利用而进行破坏活动，保障施工现场和人民生命财产安全，根据《民用爆炸物品安全管理条例》和其他有关法律法规的相关规定，结合铁路有关要求和工程建设的实际，特制订以下办法。

本办法所称爆炸物品，是指在工程建设中使用的各类炸药、雷管、非电导爆系统、起爆药、爆破剂等爆破器材和公安机关认为需要管理的其他爆炸物品。

施工现场爆炸物品的安全管理工作应贯彻"从严管理，依法监督，方便生产，保障安全"和"谁主管，谁负责"的原则，爆炸物品使用单位的主管领导对爆炸物品的安全管理工作负责，物资管理部门负责购买、运输、储存、发放、退库、账目等的安全及管理工作，爆破作业单位负责使用过程中的安全工作。具体的保管、发放、使用由项目物资部门负责爆炸物品的管理工作。为了切实加强爆炸物品的安全管理，应逐级成立爆炸物品安全管理工作领导小组，由单位的主要领导者任领导小组组长。

购买、运输、储存、使用爆炸物品的单位，必须依照本办法及有关安全技术操作规程，制订各个岗位的安全责任制，教育职工严格遵守执行，并随时接受分部领导、各职能部门、地方公安机关的监督检查。

使用爆炸物品的单位必须建立验收、领发、检查、看守等各项安全管理制度。保证爆炸物品不发生被盗、被抢、丢失、失火、爆炸、滥发、误发等问题。

爆炸物品仓库保管员和看守员应挑选政治可靠、责任心强并经公安机关培训取得合格证的正式职工。严禁安排民工和临时工从事保管员工作。

每个爆炸物品仓库应选派3名看守员担负守库任务，保证24 h有人在岗值班、巡守。看守员应配备必要的自卫防护器械。

存放爆炸物品的库房应当安装报警器并配备通信联络工具。施工现场每天作业剩余的爆炸物品，必须于当日清点登记并退回原库。严禁带回工棚、宿舍或随意存放，严禁私藏、私用、赠送他人。

不准擅自在外单位与本单位之间代为保管爆炸物品。严禁将爆炸物品交由工班班组保管、使用。

爆炸物品必须储存在经有关部门批准并验收合格的专门仓库，由取得合格证的保管员、看守员昼夜保管、看护。

严禁随意存放爆破器材，严禁非法设立爆破器材临时存放点，严禁将爆破器材分发给个人保存。

必须建立严格的出入库审批、检查、登记等工作制度。收存、发放应按制度进行登记签字。库房管理要做到账目清楚、手续齐备、账物相符。

爆炸物品要按其性质分类专库存放，严禁混存和超量储存。炸药库的库存量必须与公安机关批准的容量相符。

爆炸物品在库房内堆放时，不能超过规定高度并设置明显的标志牌。存放雷管时必须铺设胶质皮垫，码放整齐，不准超量。

储存爆炸物品的库房应符合建筑规范的要求，具备较好的防盗、防火、防爆性能。

从施工使用工点到炸药库之间的短距离运输，运输车辆应保持车况良好，符合安全规定。装运的车辆必须使用高帮汽车；加盖篷布；采取捆绑加固措施；悬挂醒目的危险品警示标志；车厢底部及车帮内侧应垫木板或橡胶软皮；沿途不准装卸，停歇时禁止无关人员接近。

运送爆炸物品时，性质相抵触的不得同车装运，严禁与其他货物混装。

运送到仓库后，由押运人员与仓库保管员办理交接、清点、入库手续，禁止无关人员围观、参与。

爆破工必须经过地方公安机关培训，考试合格后取得"爆破人员安全作业证"后持证上岗。无证人员不得从事爆破作业。

使用爆炸物品时，应由施工作业班组现场负责人提出当日使用的申请计划，并开具领料单，报分部领导签字或盖章，队长不在时可书面委托副队长代行权力，由指定的领料人员（爆破工）到库房领取。性质相抵触的爆炸物品不得由一人同时领取。库房发料后，库房保管员要填写"爆炸物品每日消耗登记表"，并由领料人员签字。火工品领到工地，现场负责人经清点核对后在"施工现场火工品登记表"上签字，施工现场当班实际使用量由爆破工在现场登记表上签字，剩余量由现场负责人登记签字。

每班作业领用的爆破物品，经当班爆破作业使用结束后，如有剩余的火工品需要退库的，先填写退料单，现场负责人必须在退料单上签字，再由专人及时退回火工品库房。

在爆破施工时，火工品领到工地，因为工序操作原因未能及时使用的，应分开放在安全地点，派专人负责看守，禁止无关人员靠近。在装药爆破过程中，严禁抽烟和使用明火，禁止没有爆破作业证的人员参与装药和爆破，严禁在雷雨天爆破。

爆破作业必须由专人统一指挥，划定安全区，布设警戒岗哨，设置警示标志。爆破前应发预警信号，待危险区内人员撤离后发爆破信号。爆破作业中出现哑炮时，应当按照既定方案进行处置，不准擅自草率处理。爆破作业结束后，经检查确认安全后，方可解除警戒。

对当日未使用完的剩余爆炸物品，应清点后由爆破工及时退库并登记造册。严禁私存、截留、藏匿、出售、转让、私用、倒卖和以物易物。

加工爆破器材时，应按照当天的实际使用量加工并存放在安全地点，严禁混放。

对于采用民爆公司进行爆破的，在合同签订前必须严格审核民爆公司的资质、营业执照、人员资格、业绩是否满足要求。

采用民爆公司爆破的必须签订爆破合同或协议。所签订的合同或协议应报分部安质环保部备案。

爆破时应严格遵守爆破安全规程，分部应指定人员做好安全防护，并形成记录。

5.2.27 危险岗位的操作规程和书面报告制度

作业队应根据危险源辨识及风险评价情况，确定危险岗位（一般包括电工、焊工、架子工、开挖工、爆破工、机械操作工、起重工、高空作业人员等特殊工种），组织作业队技术员、安全员、材料员等人员按职能分工编制详细的危险岗位操作规程，向各级人员进行交底，并签字确认。告知危险岗位的正确操作程序、要求、注意事项、紧急情况下的应急措施，以及违章操作的危害。

为危险岗位作业人员配齐合格的安全防护用品，并监督检查使用情况。

对于施工过程中新确定的危险岗位或危险岗位新的重大危险源，应及时向相应的危险岗位作业人员书面告知危险岗位的安全操作规程和违章操作的危害。

定期检查、评估危险岗位操作规程的适宜性与可操作性，书面告知制度的执行情况与效果；针对存在的问题或不足，采取相应的整改措施。

由各单位安全员保存好有关危险岗位操作规程及其发放、交底、检查与整改的记录。

5.2.28 "三同时"制度

进场后，必须严格执行"三同时"制度，即在施工组织设计、施工准备及施工期间要同时考虑劳动安全、环保及职业健康方面的要求。

在编制施工组织设计时，必须同时提出劳动保护要求，其内容包括劳动保护措施、安全消防措施、防尘防毒措施和"三废"处理措施等。

施工组织设计要详细说明生产工艺流程，每个环节在劳动安全、环保及职业健康方面可能产生的危害、采取的措施以及达到的效果等。

在施工准备阶段要充分考虑劳动安全、环保及职业健康方面的要求。

在施工阶段，要认真落实劳动保护、环保及职业健康方面的要求，积极监督检查，发现问题后及时改正。

5.2.29 消防安全制度

作业队成立消防安全领导小组，成立相应的义务消防队，并按照以下制度和程序进行日常管理。

5.2.29.1 消防安全教育、培训

作业队应将消防安全培训纳入整体的教育培训计划，定期组织员工学习消防法规、各项规章制度、防火措施和火灾应急救援措施。

具体安全培训由作业队安全员负责，结合对施工人员的安全培训教育进行消防安全培训。

应针对岗位特点组织作业人员进行有针对性的消防安全教育培训。对消防设施维护保养和使用人员应定期进行实地演示培训，对新员工进行岗前消防培训。

5.2.29.2 防火巡查、检查

落实消防安全责任制和岗位消防安全责任制，落实巡查检查制度。

作业队应结合质量安全大检查活动开展防火巡查和防火检查，并复查、追踪，不断改善工作。

对于检查中发现的火灾隐患，检查人员应填写消防检查记录，检查部门应将检查情况及时通知受检部门。若发现存在火灾隐患，应及时整改。对检查中发现的火灾隐患未按规定时间及时整改的，根据分部奖惩制度给予处罚。

5.2.29.3 消防安全疏散设施管理

作业队在职工驻地应保持疏散通道和安全出口畅通，严禁占用疏散通道，严禁在安全出口或疏散通道上安装栅栏等影响疏散的障碍物。

在施工现场必须保证施工道路畅通，尤其在桥梁、隧道等工地，必须设置安全逃生通道，严禁在应急疏散通道上堆放工程材料、机具和杂物，确保一旦出现险情，施工人员能够立即进行逃生自救。

5.2.29.4 消防设施、器材维护管理

员工驻地、工地料库、油库、爆炸物品库房等场地的消防设施日常使用和管理由专职管理员负责。

专职安全员定期检查消防设施的使用状况，保持设施整洁、完好。发现异常应及时安排维修，使设备保持良好的技术状态。

作业队应组织消防设施和消防设备定期测试。每年在冬防和夏防期间定期对灭火器进行普查换药；定期巡查消防器材，保证其处于完好状态；对消

防器材应经常检查，发现丢失、损坏应立即上报领导并进行补充。

5.2.29.5 火灾隐患整改

作业队对存在的火灾隐患应当及时予以消除。在防火安全检查中，应对所发现的火灾隐患进行逐项登记，将隐患情况书面下发各队并限期整改，同时要做好隐患整改情况记录。

在火灾隐患未消除前，作业队应当落实防范措施，确保隐患整改期间的消防安全，对确无能力解决的重大火灾隐患应当提出解决方案，及时向项目部安全总监报告，并由项目安质环保部发出限期整改火灾隐患指令。

5.2.29.6 用电安全管理

严禁随意拉设电线，严禁超负荷用电。

电气线路、设备安装应由持证电工专人负责。

隧道施工机械化作业队各级人员下班后，该关闭的电源应予以关闭。

禁止私用电热棒、电炉等大功率电器。工棚内严禁使用碘钨灯、电炉等烤火取暖。

5.2.29.7 用火安全管理

严禁在施工现场搭地炉生明火煮饭、烧火取暖、烧荒驱蚊。

严禁在施工现场燃放烟花爆竹，防止意外导致森林大火。

使用明火的部门（如食堂、职工餐厅等）应严格遵守各项安全规定和操作流程，做到用火不离人、人离火灭。

5.2.29.8 易燃易爆危险物品和场所防火防爆

放有爆炸物品的库房应配备必要的消防器材和设施。库房设置必须得到公安部门的批准，并经公安部门验收合格方可启用，仓管人员必须由经公安消防安全培训合格的人员担任。

在放有爆炸物品的库房中，炸药、雷管必须分库存放，严禁炸药、雷管混合存放。

爆炸物品入库前应经检验部门检验，出入库应进行登记。

爆炸物品存取应按安全操作规程执行，仓库工作人员应坚守岗位，非工作人员不得随意入内。

爆炸物品存放场所应根据消防规范要求采取防火防爆措施，并做好防火防爆设施的维护保养工作。

5.2.29.9 义务消防队组织管理

义务消防员应在消防工作归口管理部门的领导下开展业务学习和灭火技能训练，各项技术考核应达到规定的指标。

要结合对消防设施、设备、器材的维护检查，有计划地对每个义务消防员进行轮训，使每个人都具有实际操作技能。

按照灭火和应急疏散预案，每年进行一次演练，并结合实际不断完善预案。

5.2.29.10 灭火和应急疏散预案演练

由项目部、作业队两级安质部门制订符合本作业队实际情况的灭火和应急疏散预案。

组织全员学习并熟悉灭火和应急疏散预案。

每次组织预案演练前应精心开会部署，明确分工。

应按制订的预案，至少每年进行一次演练。

演练结束后应召开讲评会，认真总结预案演练的情况，发现不足之处应及时修改和完善预案。

5.2.29.11 义务消防队岗位职责

积极参加消防保卫部门组织的消防业务培训和灭火演习。

开展防火宣传，制止和劝阻违反消防安全规章制度的行为。

参加防火安全检查，督促整改火灾隐患。

保护火灾现场，协助调查火灾原因。

熟悉本部门设备（物质）性能和可能发生的火灾危险性，正确掌握灭火器材的使用和基本灭火方法，协助保卫部门维护好本部门的消防设施和器材。

发现火情及时拨打"119"报警电话，并积极参加扑救，协助疏散人员和物资。

突击队除了承担以上各项职责，主要任务是抢险救灾、处置突发事件和扑救火灾等。

预备队除了承担以上各项职责，主要任务是负责本部门的消防安全管理工作。

5.2.30 重大安全隐患排查整改制度

5.2.30.1 总则

为贯彻"安全第一、预防为主、综合治理"的方针，依据《中华人民共和国安全生产法》《建设工程安全生产管理条例》等有关法律、法规及公司相关规定，制订以下制度。

作业队成立重大事故隐患排查整改领导小组，负责处理管段内的相关事宜。作业队应根据隐患检查整改要求，成立相应的领导小组。其中重大事故隐患是指存在于各种生产活动中的，有可能导致重大人身伤亡、伤害、财产损失或其他损失的意外事件发生的人的不安全行为、物的不安全状态和管理上的缺陷等。

5.2.30.2 排查与控制

在项目策划与实施阶段，对作业队及其工点进行安全生产风险分析，排查、确定项目建设期间可能发生的重大事故隐患，制订防范措施。

在项目实施过程中，对重大事故隐患排查的频次，分部每月不少于1次，遇有重大工序转换等特殊情况，应增加排查频次。作业队每周不少于1次。

采取科学、合理的重大危险源辨识方法，确认重大事故隐患，并开展重大事故隐患安全评价，建立重大事故隐患排查整改工作档案。

重大事故隐患安全评价应形成书面报告，主要内容包括事故隐患类别、事故隐患等级、影响范围及严重程度、隐患整改措施及效果等。

重大事故隐患排查管理实行备案督查制。作业队安全员根据隐患排查结果填写备案表，每月10日前报项目安质部备案。

5.2.30.3 监督检查

监督检查应遵循"分级管理、分级负责"的原则。作业队根据项目部下达的施工组织安排，编排各自管段的年度、季度、月度重点督查项目或工点计划，经作业队主管领导审核批准后予以实施。

督查计划的主要内容如下。

（1）督查项目汇总表。

（2）项目主要情况介绍。

（3）督查人员及时间安排。

督查的具体要求如下。

（1）作业队按照自行编制的督查计划，组织重大事故隐患排查与整改。

（2）对存在重大事故隐患的项目或工点，作业队应按照《生产经营单位生产安全事故应急预案编制导则》（GB/T 29639—2020）的要求，编制切实可行的应急救援抢险预案，并进行有针对性的演练。

5.2.31 安全生产其他要求

跨越公路的施工必须按照公路交通运输部门的要求办理相关手续，认真做好安全防护工作，确保车辆和行人安全通过。遵照《中华人民共和国道路交通安全法》的有关规定执行。

本项目中的爆炸物品使用和管理必须遵照《民用爆炸物品安全管理条例》执行。

本项目中的锅炉、压力容器及起重机械等特种设备的使用和管理必须遵照《中华人民共和国特种设备安全法》（2014年施行）、《国务院关于修改〈特种设备安全监察条例〉的决定》（中华人民共和国国务院令第549号）执行。

本项目中的危险化学品使用和管理必须遵照《危险化学品安全管理条例》（中华人民共和国国务院令第591号）执行。

作业队在工程建设中要严格执行《中华人民共和国消防法》，贯彻"预防为主，防消结合"的工作方针；制订和落实消防工作逐级负责制及防火安全责任制；制订灭火和应急疏散预案；定期组织消防检查和演练，确保工程建设中的消防安全。

作业队要建立健全内部机动车辆安全管理监控机制，经常教育机动车驾驶人员自觉遵守道路交通法律法规和规章制度。隧道施工机械化作业队负责人应经常对交通安全情况进行检查，确保行车安全。

5.3 大型工程机械安全管理

5.3.1 大型施工机械安全管理目标

杜绝由大型施工机械造成的生产安全一般及以上事故、杜绝由大型施工机械造成的一般C类及以上铁路交通事故；减少由大型施工机械造成的一般D类铁路交通事故。

5.3.2 大型施工机械范围

大型施工机械主要包括大型起重吊装、移动模架、轮胎起重机、塔式起重机、龙门式起重机、其他起重设备。

其他大型设备包括重型挖掘机、重型推土机、装载机、平地机、压路机、摊铺机、载重汽车、自卸汽车、钻机、锤击桩机、静压桩基、卷扬机、混凝土站、混凝土泵车、湿喷台车、通风机、凿岩台车、锚杆台车、拱架台车等。

所使用机械的安全装置和防护设施必须齐全、完好、可靠，确保人身和机械安全。

5.3.3 管理职责

设备部是大型施工机械安全管理的主体，安质环保部协助管理。设备部负责建立健全施工机械安全生产责任制度和安全生产教育培训制度，制订大型施工机械安全生产日常管理制度，对大型施工机械进行定期和专项安全检查，组织制订本单位安全事故应急救援预案并定期演练，制订大型施工机械使用的管理办法和操作规程，确保大型施工机械设备的正常投入，配合安质环保部做好安全监督检查工作。

专职安全生产管理人员负责对安全生产进行现场监督检查，督促作业人员遵守安全操作规程和技术标准，及时制止并纠正违反施工安全技术规范、规程的行为，发现安全事故隐患，应及时向安质部报告。

5.3.4 管理制度

制造许可制度：设备部负责对大型施工机械制造厂家制造资质进行确认和审查，对不具备制造大型施工机械条件，没有获得相关制造许可证的厂家，禁止购买和使用其产品。

安全生产教育培训制度：作业队建立健全大型施工机械安全生产教育培训制度，加强对职工安全生产的教育培训。未经安全生产教育培训的人员不得上岗。

安全技术交底制度：安质环保部和设备部建立大型施工机械逐级安全技术交底制度并检查各级交底记录，确保施工安全。

操作人员持证上岗制度：从事大型施工机械的操作人员必须按照国家有关规定经过专门的安全作业培训，并取得特种作业操作资格证书后，方可上岗作业。

起重机械等大型设备必须由具备资质的单位装拆及检测、验收登记制度：在施工现场安装、拆卸施工起重机械等大型设备必须由具有相应资质的单位承担。施工起重设备达到国家规定的检验检测期限的，必须经具有专业资质的检验检测机构检测。经检测不合格的，不得继续使用。

安全检查制度：根据工程建设情况分级管理分级控制，制订检查计划，组织定期和不定期、季节性、专项性等多种形式的安全检查。检查应当目的明确、内容具体、记录完整，确保起到对安全生产的监督促进作用。

危险岗位的操作规程和书面告知制度：物资部负责向大型施工机械作业人员提供安全保护用品，并书面告知危险岗位的操作规程和违章操作的危害。

进场验收制度：大型施工机械进场必须落实进场验收制度，设备部和安质环保部应组织对进场的大型机械设备进行逐机验收，并按照相关规定由具备资质的专门机构做好检验、检测工作。

交接班签认制度：大型施工机械在交接班时必须履行严格的交接班签认手续，对设备存在的问题做好记录，及时安排故障处理，确保正常使用。

5.3.5 日常管理

大型机械施工现场必须严格执行一机一人专职防护，做到"五个一"，即一机、一人（专职防护）、一本（机械运转记录）、一牌（设备标识牌）、一证（机械操作证）。

施工现场安装、拆除大型施工机械时，必须由具有相应资质的单位承担。

大型施工机械转场时，要做到有"专项方案、专项检测、专项见证、专项放行、专项检查"。作业队队长、技术负责人、安全员、技术员必须现场把关。对地基承载有要求的，必须确认场地平整，地基承载力满足要求后方可进行。大型施工机械夜间不得安排转场、移机。

大型施工机械设备管理、使用和维修人员必须经过培训，熟知安全制度和技术操作规程，达到"三好""四会"的要求（管理好、使用好、维修好，会使用、会养修、会检查、会排除故障），经考试（考核）合格后上岗。现场作业时必须有安全员、技术员等有关人员把关。

作业人员进入施工现场必须穿戴相应的劳动保护用品。作业前应按设备的操作规程进行检查，作业中严格遵守劳动纪律，服从指挥，不得酒后上岗或连续疲劳作业，应当严格执行相应的操作规程和有关的安全规章制度，并做好设备使用、维护、保养记录。

日常应结合使用特点进行全面检查。对于起重设备，主要检查设备预防倾覆的措施、防止制动设备失灵以及重要的受力构件和钢丝绳断裂等措施的落实情况。对于自轮运转等轨道运行设备，主要检查防颠覆、防溜逸、防侵限以及防止擅自上道的卡控措施的落实情况。

大型施工机械施工现场必须做到"五严禁"：严禁使用没有制造资质的企业制造的设备；严禁使用没有经过专业培训的低素质人员进行大型机械操作；严禁施工现场大型机械违章作业；严禁大型机械设备带故障作业；严禁自轮运转等轨道运行设备没有经过专业部门批准擅自上道运行。

机械设备因非正常损坏而停机或机械质量、技术性能降低，影响正常使用等均为机械事故。凡属违章操作、违章指挥、管理制度不严、维护保养不善和修理质量不良等原因造成的机械事故都属于责任事故。

5.3.6 机械事故

机械事故分为特大事故、重大事故、一般事故三类。特大事故是指直接损失价值或修复费用在10万元及以上的事故；重大事故是指直接损失价值或修复费用在5万元（含）至10万元的事故；一般事故是指直接损失价值或修复费用在2000元（含）至5万元的事故。

对损失价值不到5万元，但由于违章作业，严重影响生产，危及人身安全的事故，按重大事故处理。

直接损失价值包括机械本身因事故修复所发生的工、料、机费用和因处理事故所发生的一次性费用等，修复费用只计算直接发生的人工和材料费用或由事故造成机械报废的净值。

机械事故造成人员重伤、死亡的，事故的报告、调查、处理必须优先执行分部安全管理制度中的"事故报告调查处理制度"。

机械事故未造成人员重伤、死亡的，事故的报告、调查、处理按以下条款执行，同时应执行分部"事故报告调查处理制度"的有关规定。

（1）机械发生事故时，事发单位必须及时通知设备资产所属单位机械管理部门、设备出租单位，不得超越事故处理权限自行处理。事故情况及处理结果同时报告分部机电部、安质环保部。

（2）机械发生事故后，事发单位应立即停止使用，采取有效措施防止损失扩大，保护好现场，并立即上报。

5.3.7 机械事故处理

对直接损失价值或修复费用在1万元及以上的一般事故，机电部、安质部、设备出租单位、设备资产所属单位机械管理部门共同派员参加事故调查、分析，并负责处理。

项目安质部应在事发后（特大事故 30 日内、重大事故 15 日内、1 万元及以上的一般事故 5 日内），将处理意见及事故报告报公司安质部备案。

机械事故调查处理应做到"四不放过"，并按事故性质严肃处理。对隐瞒事故和弄虚作假的单位和个人加重处罚，并追究领导责任。

5.4 风险识别与评价

5.4.1 总则

风险识别评价包括危险源识别和针对危险源进行的风险评价。危险源是指可能造成人员伤害、疾病、财产损失、作业环境破坏或其他损失的根源或状态。危险源识别是安全管理和职业健康管理工作的基础，隧道施工机械化作业队必须在工程项目开工前完成识别。

5.4.2 风险识别评价的目的

通过对施工现场、辅助生产区、办公生活区进行危险源识别与评价，找出相应场所存在的各种危险因素和危险状态，从而制订出防止事故和造成危害的措施，防止事故和职业危害的发生。

5.4.3 危险源识别与评价的职责

分管安全生产的副队长负责批准危险源识别与评价结果，批准发布本队的高、中度风险清单，审核专项安全施工方案。

作业队的劳资员应识别办公生活区的危险源，负责对作业队办公生活区的危险源识别情况进行监督。

安质室是所在作业队危险源识别与评价工作的主管部门，负责收集、审核各班组危险源识别资料，汇总并形成作业队的危险源识别与评价资料。应对作业队所有危险源识别结果进行补充、核对、汇总并形成危险源识别及风险评价资料，经分管安全生产的队领导批准后发放到各班组并上报项目安质部。

材料部和机电部应识别物资采购、运输、贮存中存在的危险源以及施工用电和各种机械设备运转过程中存在的危险源；上级物资部对作业队的危险源识别与评价工作进行指导、监督、确认。

作业队技术室应识别各施工工艺流程中存在的危险源；项目安质部、工程部负责监督、指导隧道施工机械化作业队的危险源识别、评价，并进行补充、核对。

工地试验室应识别试验检测过程及试验场所中存在的危险源并进行评价。

5.4.4 危险源识别的范围

施工现场、辅助生产区、办公生活区以及这些场所内从事的各种活动。

办公生活区，主要包括办公室、宿舍、食堂、澡堂、厕所、活动场所等。

施工现场，如隧道施工、桥涵施工、路基施工、既有线施工的各工序及作业面等。

辅助生产区域（含临时工程），主要包括钢筋加工场、试验室、拌和站、配电房、空压机房、机械加工车间、修理场、库房（含火工品库、油品库及其他危险化学品库）和施工便道等。

自然灾害，包括地震、洪水、泥石流、滑坡、台风等。

5.4.5 危险源识别与评价的方法

项目安质部牵头组织，工程、机电、物资、办公室等部门参考局下发的初始"危险源辨识登记表"，结合工程项目的性质、工艺特点、所用设备和所处的特定环境等实际，对各作业队的危险源进行辨识，并将辨识资料交安质部汇总，形成各作业队的"危险源辨识登记表"（或"危险源辨识和风险评价表"）和"高度和中度风险清单"。

对于危险源初步识别资料中没有列出或与现场实际不符的项目，可按作业区域或场所来划分，重新对所管辖的施工现场、辅助生产区、办公生活区的人的不安全行为、物的不安全状态进行分析，按《企业职工伤亡事故分类》（GB 6441 — 86）中规定的事故类别，找出可能导致事故的人的不安全行为和物的不安全状态，填写"危险源辨识登记表"。

危险源识别出来后可通过定性判断法来判断风险级别。即通过现场调查、研究讨论的方式，根据以往类似工程发生事故的可能性、一旦造成事故带来的影响程度、项目安全管理目标要求、建设单位的要求等方面，综合进行风险级别评定。风险级别分为高、中、低3种类别。

确定出各危险源的风险级别后，要对评价为高度和中度风险的危险源进行汇总，填写"高度和中度风险清单"。

5.4.6 高度和中度风险的控制策划

应根据年度施工计划，汇总形成高度和中度风险清单，找出施工工程中存在的高度和中度风险，高度和中度风险清单应明确风险控制方式，包括目标与管理方案、运行控制、应急准备与响应。

5.4.6.1 目标与管理方案

对下列达到一定规模的工程应编制专项安全施工方案（管理方案），并进行安全检算，经技术负责人签字，报项目部组织专家进行论证、审核、批准后实施，并由各单位专（兼）职安全生产管理人员进行现场监督。

（1）高坡、陡坡土石方开挖工程。

（2）模板工程。

（3）起重吊装工程和钢结构安装工程。

（4）脚手架工程。

（5）拆除、爆破工程。

（6）隧道工程。

（7）其他危险性较高的工程。

5.4.6.2 运行控制

所有高度和中度风险必须制订"运行控制"措施。对于纳入"运行控制"的，要编写控制要求和方法。风险运行控制的要求和方法可从人、机、料、法、环等方面考虑。

5.4.6.3 应急准备与响应

对于高度和中度风险中一旦发生事故，会造成重大人员伤亡、财产损失、生态环境破坏和严重社会影响的紧急事件，在采取"运行控制"和/或"目标与管理方案"控制之后，应进行"应急准备与响应"控制。制订相应的应急预案并培训、演练和进行应急准备。

5.4.7 危险源的控制措施

5.4.7.1 建立健全危险源管理制度

建立健全各种规章制度，包括危险源告知制度、安全操作规程、信息反馈制度、危险作业审批制度、异常情况应急措施、考核奖罚制度等。

5.4.7.2 明确责任并定期检查

应根据各危险源的等级，分别确定各级的负责人，并明确他们应负的具体责任。对危险源的检查要对照检查表逐条逐项按规定的方法和标准进行检查，并做记录。专职安全人员要对各级人员检查的情况定期检查、监督并严格进行考评，以实现闭合管理。

5.4.7.3 加强危险源的日常管理

要严格要求作业人员贯彻执行有关危险源日常管理的规章制度。做好安全值班交接班，按安全操作规程进行操作等；领导和安质部门定期进行严格的考核，发现问题，及时给予指导教育，根据检查考核情况进行奖惩。

5.4.7.4 抓好信息反馈，及时整改隐患

要建立健全危险源信息反馈系统，制订信息反馈制度并严格贯彻实施。信息反馈和整改的责任要落实到人。对信息反馈和隐患整改的情况，领导小组和安质员要进行定期考核并奖惩。安质员要定期收集、处理信息，及时提供给领导小组研究决策，不断改进危险源控制管理工作。

5.4.7.5 搞好危险源控制管理的基础建设工作

建立健全各项规章制度，建立健全危险源的安全档案和设备安全标志牌。

5.5 安全生产事故应急管理

5.5.1 应急救援组织机构

根据工程实际，作业队成立安全应急抢险组织机构，见图5-2。

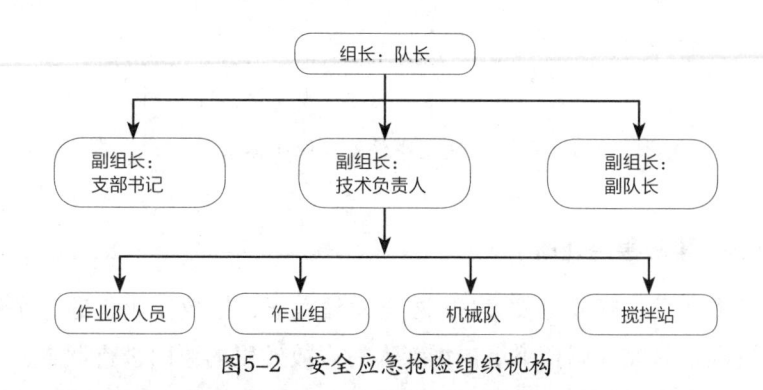

图5-2 安全应急抢险组织机构

5.5.2 应急救援措施

发生突发事件应立即停止作业，所有作业人员和机械撤离危险区，由现场负责人向隧道施工机械化作业队报告。

作业队负责人立即到现场调查，研究具体抢险方案并尽快组织实施。

抢险工作必须严格按制订的方案执行，需要变更方案时由负责人审批。

抢险工作实施完毕后，现场负责人写出报告，分析原因，制订预防措施。

5.5.3 应急救援程序

发生人员伤亡安全事故的单位必须在半小时内以最快的方式上报隧道施工机械化作业队，作业队相关人员应及时赶到事故现场，组织抢救，防止事故扩大。

分部及时联系地方救援组织，及时启动预案，组织救援工作。突发事件处理组织体系见图5-3。

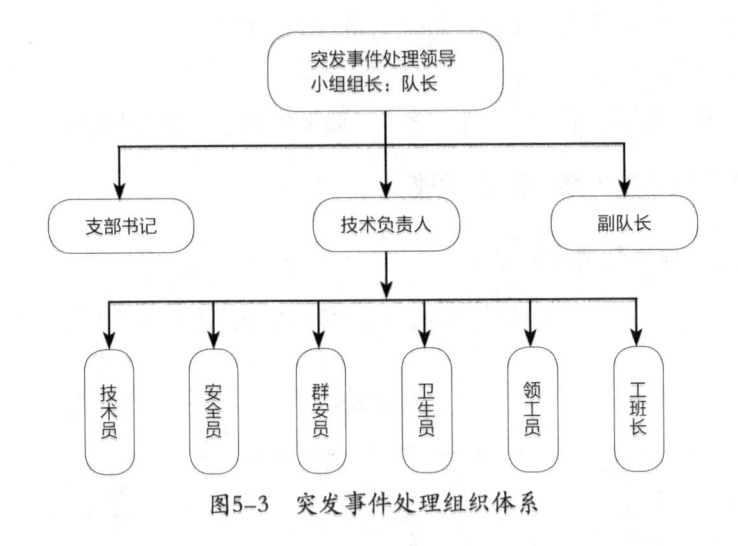

图5-3 突发事件处理组织体系

5.5.4 事故善后处理

原则上在发生突发事件24 h之内处理完毕，抢救作业队进行充分的资金和物资准备。成立调查小组，派专人对事故发生的原因进行调查，对事故造成的人员伤亡及物资损失情况进行统计，并按有关规定对受伤人员进行赔偿，做到合法、合理、合情，让事故产生的损失降到最低。

5.6 安全保证措施

5.6.1 基本保证措施

作业队必须结合工程实际和项目特点，明确施工安全责任，制订施工安全措施，加强施工安全管理，有效预防事故发生。

应严格按照设计施工，严格执行有关安全技术标准，将安全技术措施纳入施工组织设计和施工方案，并在施工前向作业人员进行安全技术交底。

应对施工现场安全生产进行监督检查，制止违章作业，排查、报告和清除现场安全隐患。

应保证安全生产费用的足额投入，费用不得挪作他用。

发现施工现场情况与设计文件不符并影响施工安全时，应立即向有关单位报告，并及时采取安全防范措施。

发现重大安全隐患或发生安全事故后，应立即启动应急预案，采取有效措施防止事故扩大，并按规定上报事故情况。

应制订逐级安全技术交底制度并严格实施。安全技术交底应采用书面形式，并保存签认记录。

班组负责人在每天开工前，应进行班前安全讲话，向作业人员强调安全注意事项。

进入现场的所有人员必须按规定佩戴和使用防护用品。

应建立健全安全生产教育培训制度，制订培训计划，对参建人员进行有针对性的培训。未经培训或培训不合格者不得上岗。

特种作业人员必须经过专门的安全作业培训，考试合格并取得操作证后，方可持证上岗。

5.6.2 劳动安全卫生

应对作业人员进行职业卫生培训，使其正确使用职业病防护设备和个人防护用品。

对从事接触职业病危害作业的人员，应组织上岗前、在岗期间和离岗时的体检。

对产生职业病危害的工作岗位，应在醒目位置设置警示标识和警示说明，并公布有关职业病防治的规章制度、操作规程、应急救援措施和危害因素检测结果。

应开展预防传染病、流行病的卫生教育，组织力量消除鼠、蚊、蝇等病媒昆虫。

应保证饮用水符合国家规定的卫生标准。

应经常打扫清理生产区、辅助生产区、办公生活区。

炊事管理人员体检合格并持健康证上岗。

公共食堂符合相关卫生要求，防止发生食物中毒。

5.6.3 施工用电

施工用电应采用电源中性点直接接地的380 V/220 V三相五线制低压电力系统，并符合下列规定：采用三级配电系统；采用TN-S接零保护系统；采用一级漏电保护系统。

施工用电设备数量在5台及以上或用电设备容量在50 kW及以上时，应编制施工用电施工组织设计，经技术负责人批准后实施。施工用电设备数量在5台以下或用电设备容量在50 kW以下时，应制订安全用电和电气防火措施。

施工现场应对电工和用电人员进行安全用电教育培训和技术交底。电工必须持证上岗。

保护零线应由工作接地线、发电机中性点、配电室、总配电箱、电源侧零线或总漏电保护器电源侧零线处引出，接地电阻值不应大于10 Ω。

电气设备的金属外壳必须与保护零线连接。低压电器设备和器材的绝缘电阻不得小于0.5 MΩ。

自备发电机组电源应与外电线路电源联锁，严禁并列运行供电。发电机组应设置短路保护和过载保护。

架空线路、电缆线路必须有短路保护和过载保护。

电气设备或线路发生火警时，应首先切断电源。在未切断电源之前，严禁使身体接触导线或电气设备，严禁用水进行灭火。

施工现场的电动建筑机械或手持式电动工具的电源连接线，必须按其容量选用无接头的铜芯橡皮护套软电缆。其中绿黄双色线在任何情况下只可用作保护零线或重复接地线。

当施工升降机、钢管脚手架等金属设施在相邻建（构）筑物的防雷装置的保护范围以外时，应按规定的高度设置防雷装置，见表5-1。

表5-1　施工现场需安装防雷装置的机械设备及高架设施高度规定

地区年平均雷雨日/天	机械设备及高架设施高度/m
≤15	≥50
>15~40	≥32
>40~90	≥20
90天以上及雷害特别严重地区	≥12

雷雨季节前，避雷装置应进行一次预防性试验，并应量测接地电阻。雷电后，应对阀型避雷器的瓷瓶、连接线和接地线进行检查，确保其完好无损。

施工用电架空线路应符合下列规定：采用绝缘导线；设横担和绝缘子，并架设在电杆上；导线截面满足计算负荷、线路末端电压偏移和机械强度要求。

电杆埋设应牢固，回填土应夯实。不得在外电架空线路正下方搭设作业棚、建造生活设施或堆放构件、材料及其他杂物等。

施工用电缆线路应符合下列规定：不沿地面明设，当必须明设时加设防护管；直接埋地敷设时覆盖硬质保护层；穿越建筑物、铁路、道路等易受损伤的场所时加设防护管。

电源导线严禁直接绑扎在金属架上。

配电室应单独设立，并设有操作和维护通道，保持整洁、畅通，严禁堆放杂物。

当动力配电与照明配电必须设置在同一配电箱内时，应分路设置。

开关箱应设隔离开关、漏电保护器，实行"一机一闸一漏"制，严禁设置分路开关。

配电箱严禁采用瓷底胶木刀型开关。

配电箱、开关箱应有名称、用途、分路标记，有锁，有防雨措施，严禁放置杂物，由专人负责定期进行检查、维修。

对配电箱、开关箱进行维修、检查时，必须将其前一级电源断开，严禁带电作业。

每台用电设备必须设各自专用的开关箱，严禁用同一个开关箱直接控制2台及以上用电设备。

施工照明供电电压应符合下列规定：一般场所为220 V；台车用灯电压

不大于 36 V；高温、有导电粉尘、狭窄场所以及隧道作业地段，不大于 36 V；潮湿和易触及照明线路场所，不大于 24 V；特别潮湿的场所，导电良好的地面、锅炉或金属容器内，不大于 12 V。

施工照明禁止使用 220 V 碘钨灯。

夜间可能影响行人、车船、飞行器等安全通行的施工部位或设施、设备，必须设置警戒照明。

5.6.4 施工现场防火

施工现场应划分防火责任区，应根据现场需要合理配备灭火器材。

各类灭火器材、消火栓等应经常检查和维护保养。

施工现场发生火灾险情时，应立即启动应急预案，及时向当地消防部门报警，并清理通道，为消防灭火做好准备。

电器取暖设备无人看管时应断电。

应设消防通道，室外宽 4 m，室内宽 0.9 m，并保持畅通。

施工现场应明确划分禁火区，并设置明显的警示标志。

现场应在明显易取处设置灭火器、水桶、砂箱、锹、耙等防火专用工具，并有防雨防冻措施，同时指定专人维护、管理、定期更新，保证其状态完好。

在仓库、油库、配电室、木工作业场所、焊割现场及存放易燃、易爆物品场所等地点严禁动用明火，并设置明显的"禁止烟火"标志。上述场所及重要机械设备处应配备相应的消防灭火器材。

焊、割作业开始前，应将作业现场下方和周围的易燃物清理干净。当无法达到要求而必须作业时，应采取浇湿、隔离等安全措施。作业结束时，应认真检查现场，在确认无余热引起燃烧危险时，方可离开。

焊、割作业结束或离开操作现场时，必须切断电源、气源。赤热的焊嘴、焊钳以及焊条头等，禁止放在易燃、易爆物品和可燃物上。

5.6.5 材料储运

各种材料应按品种、规格、型号堆码整齐、稳妥。金属材料、木料及构配件等的底部应按规定加设垫块。

装卸、搬运作业场地应平坦，跳板应坚固牢靠，跳板坡度不得大于 1∶3，并有防滑措施。

大型构件吊车装卸时，停留起吊设备的场地应平整、坚固，避开沟渠、坑洞或松软土质。吊车撑脚的支垫应保证起吊时车身平稳，吊车前后轮应固定牢靠。拖车、平板车应制动，前后轮应塞楔牢固。

装车时，构件重心应放在车厢中心位置，并将构件绑扎牢固，支垫平稳。

当使用轻型小车装运材料时，前后两车宜保持 2 m 以上间距，上下坡道时宜保持 10 m 以上间距。

5.6.6 危险物品

贮存、运输、使用危险化学品的人员，必须接受有关法律、法规、规章和安全知识、专业技术、职业卫生防护、应急救援知识的培训，并经考核合格，方可上岗作业。

制订危险化学品事故应急救援预案，配备应急救援人员和必要的应急救援器材、设备，并定期组织演练。

根据危险化学品的种类、特性，在库房等作业场所应设置相应的监测、通风、防晒、调温、防火、防爆、泄压、防毒、中和、防潮、防雷、防静电、防腐、防渗漏、防护围堤或者隔离操作等安全设施、设备，并按照国家标准和国家有关规定进行维护、保养，确保符合安全运行要求。

危险化学品入库后应采取适当的养护措施。在贮存期内，定期检查，发现其品质变化、包装破损、渗漏、稳定剂短缺等，应及时处理。

装卸及使用对人身有毒害及腐蚀性的物品时，操作人员应根据危险性穿戴相应的防护用品。

根据危险化学品的特性和仓库条件，必须配置相应的消防设备、设施和消防器材，并配备经过培训的专职或兼职消防人员。

爆破施工企业应具有资质证书，并取得爆炸物品的购买、存储、运输和爆破作业许可证，未经许可不得从事爆破作业。

施工现场应建立爆破器材安全管理制度、岗位安全责任制度，制订安全防范措施和事故应急预案。

爆破作业人员必须参加培训，经考核并取得有关部门颁发的相应类别和作业范围、级别的安全作业证后，持证上岗。

不得用翻斗车、自卸汽车、拖车、自行车、摩托车和畜力车运输爆破器材。

小型爆破器材库的最大贮存量不应超过 1 个月的用量。

爆破工领取爆破器材，应根据当班作业量提出申请，经批准后由2人以上共同领取。性能相抵触的爆炸物品不得同时领取。

爆破器材在使用过程中，必须严格落实使用追踪制度，每一环节责任人必须签认。

爆破作业必须由专人统一指挥，划定安全区，布设警戒岗哨，设置警戒标识。爆破作业结束时，必须确认安全后，方可解除警戒。

检查人员发现哑炮及其他险情，应及时上报或处理；处理前应在现场设立警告标志，并采取相应的安全措施，无关人员不得接近。

施工现场每天剩余的爆炸物品必须当日清点，登记退库。

5.6.7 施工机械

操作人员应体检合格，无妨碍作业的疾病和生理缺陷，并经过专业培训、考核合格后上岗。起重机械操作人员、场内车辆驾驶员等特种作业人员应持证上岗。

施工机械进入作业地点后，应向操作人员进行施工任务和安全技术交底。操作人员应熟悉作业环境和施工条件，听从指挥，遵守现场安全规定。

对于工程施工大型专用设备，使用单位必须根据产品说明书的要求制订安全技术操作规程。

施工机械不得带病运转。运转中严禁接触转动部位，发现不正常时应停机检查，排除故障后方可使用。

机械设备作业前，应确认施工场地电线、电缆、管道、坑道等明、暗设置物的地点及走向，并设置警示标志。

机械集中停放的场所，应设专人看管，并应设置消防器材和工具；大型内燃机械应配备灭火器；机房、操作室及机械四周不得堆放易燃、易爆物品。

挖掘机、起重机、打桩机、架桥机等机械的作业区域，应采取安全防护措施并设立警示标志。

对室内的动力与电气装置，固定式应安装在符合规定的基础上，移动式安装时应处于水平状态，放置稳固。应保持良好的通风，周围应设宽度至少1 m的通道，排气管必须引出室外，与易燃、易爆物品保持安全距离。室外使用的动力与电气装置应搭设机棚。

空气压缩机的贮气罐和输气管路按有关规定定期进行水压试验。压力表和安全阀按规定周期进行校验。

挖掘机作业后，不应停放在高边坡附近，应将铲斗收回平放在地面上，所有操纵杆置于中位，关闭操纵室。

装载机不得在倾斜度超过产品说明书规定的场地作业，不得搭载其他人员，严禁铲斗载人。

平地机在不平度较大的地面作业时，应先用推土机推平，再用平地机整平。

压路机在新建道路上进行碾压时，应从中间向两侧碾压。碾压时，压路机距路基边缘不应少于 0.5 m。

桩工机械作业前应检查并确认各传动机构、齿轮箱、防护罩、吊具、钢丝绳、制动器等均处于良好状态，各部件连接牢固。

遇有雷雨、大雾和六级以上大风等恶劣天气时，应停止一切桩工机械作业。当风力超过七级或有风暴警报时，应将桩机顺风向停置，并应增加缆风绳，或将桩机立柱提前放倒。

将潜水泵放入水中或提出水面时，应先切断电源，提拉专用绳索，严禁提拉电缆或出水管。

混凝土搅拌机械由专业人员按出厂说明书的规定进行安装，并在专业技术人员的指导下进行调试，经验收合格后，方可使用。作业前，应对搅拌仓、提升斗、制动器、输送带等进行检查，确保其状态良好。

混凝土搅拌机械作业过程中，在贮料区内和提升斗下，严禁任何人停留或通过；当必须在料斗下作业时，应将料斗提升后用铁链或插销锁住。

混凝土输送泵应安放在平整、坚实的地面上，周围不得有障碍物，工作时应使机身保持水平和稳定，轮胎应楔紧。

起重机械使用前必须拥有监督检验机构出具的验收检验报告，经验收检验合格并注册登记后方可投入使用。《中华人民共和国特种设备安全法》规定的施工起重机械，在验收前应经过有相应资质的检验检测机构监督检验合格。

起重机械应按相关规定装设安全防护装置。使用中应及时检查、维修，保持其正常的工作性能，不应对安全装置随意改造。

5.6.8 压力容器

压力容器安全状况发生变化、长期停用或进行移装、过户、重大修理改造前，使用单位应向所属地质量技术监督部门办理告知手续。

压力容器超过安全技术规程规定的使用年限时，使用单位应及时予以报废，并向原登记的特种设备安全监督管理部门办理注销手续。

操作人员应经考核合格持证上岗，严格执行压力容器安全运行的各项制度及安全操作规程，做好运行值班记录和交接班记录。

压力容器安全阀、压力表、温度表等安全附件的校验和维护应符合国家计量部门的规定。

压力容器的安全阀、爆破片、紧急切断装置、压力表、测温表等附件及检测装置的使用与管理应符合国家现行标准《固定式压力容器安全技术监察规程》（TSG 21—2016）的规定。

使用气瓶前应对钢印标记、颜色标记及安全状况进行检查，不符合规定的不得使用。

气瓶的防振和安全防护装置应齐全、有效、完好。气瓶装卸、搬迁过程中应轻拿轻放，严禁抛掷、振荡。气瓶应分类存放，并远离火源，严禁露天存放。

移动作业时，应采用专用小车搬运；乙炔瓶和氧气瓶放在同一小车上搬运时，必须用阻燃的隔板隔开。

作业过程中，乙炔瓶必须直立放置，氧气瓶和乙炔瓶间必须保证 5 m 以上距离，气瓶与明火间必须保证 10 m 以上防火距离，火钳点火时不得对人，发生回火时必须先关闭乙炔阀，再关闭氧气阀。

乙炔瓶内气体必须保证有不低于 0.05 MPa 的剩余压力，严禁用尽。

5.6.9 混凝土与砌体工程

模板、支（拱）架施工前应制订安全施工技术措施。工具式模板工程及危险性较大的支（拱）架应编制专项施工方案，施工前应向作业人员进行交底。

模板、支（拱）架的地基必须符合承载力和沉降要求，并应采取防排水和防冻融措施。位于河道中的支架还应有防洪水和漂浮物冲击的措施。

模板、支（拱）架应具有足够的强度、刚度和稳定性，并能承受新浇混凝土的重力、侧压力和施工期间可能产生的各项荷载。

作业人员登高必须走专用斜道或爬梯，不得利用模板支撑和脚手架上下攀登。

模板、支（拱）架安装后、使用中、拆除前及遇异常天气时，应对其进行检查和维护。当发现沉落、变形、跑模等情况时，必须立即停止施工，经整修并加固安全后方可复工。

安装模板时，四周应设斜支撑撑牢或加设缆风绳，背带间距、拉结螺栓（拉杆）设置必须经检算并具有一定安全储备，不得随意变更或减少。

模板的支撑系统应自成体系，严禁与脚手架连接。

支（拱）架的构件应连接稳固，并应设置足够数量的纵、横、斜向支撑和水平拉杆，确保支（拱）架的整体稳定性。

模板、支（拱）架的拆除顺序应按施工方案执行。方案中未规定者，应执行先支后拆、后支先拆，先拆非承重模板、后拆承重模板，自上而下、分层分段拆除的顺序和原则。

拆下的模板、构件严禁堆放在支架上，应及时向下传递运出，临时堆放的位置、高度、地点不得影响通行和作业安全。

电焊工必须持证上岗，作业时按规定佩戴护目镜、面罩、绝缘手套，穿绝缘鞋、鞋盖等防护用品。

钢筋弯曲机使用前应检查工作台、柱、盘，安装稳固，方可启动。弯曲钢筋旋转半径范围内和机身无固定销的一侧严禁站人。被弯钢筋直径不得超过弯曲机规定的允许值。人工弯曲钢筋时，应检查扳口是否方正，操作时扳子应放平、压牢，防止滑脱。

钢筋焊接场地应干燥、无可燃物，施焊时的防火距离应符合有关规定。焊机应有可靠的漏电保护和接零保护。焊钳连接导线应绝缘良好，无破损。

进行闪光焊时，焊机上应安装遮光围屏，焊接长钢筋时应设钢筋托架，闪光范围内不得有人员停留。

吊运钢筋骨架时，不得碰撞脚手架、模板及支（拱）架，骨架下方严禁站人，骨架到达作业面上方 1 m 时，方可扶正、就位并在支撑牢固后摘钩。

在 2 m 以上的高处绑扎钢筋时，不得在模板上集中堆料，严禁直接攀爬钢筋骨架上下。钢筋骨架应支撑牢固，保证稳定。

振捣器或振动器应安装漏电保护器；电源线规格应符合设备要求，确保绝缘无破损，接头连接牢固；保护零线应符合要求。

混凝土振动台应安装在牢固的基础上，地脚螺栓应连接牢固。装置振动器的构件模板应坚固牢靠。

在混凝土浇筑过程中应对模板、支（拱）架、钢筋骨架的失稳、变形进行检查，发现异常情况时，必须立即停止作业，并整修加固合格。

进行洒水养护时，作业人员应避让混凝土构筑物顶面的障碍物和孔洞，拉移水管时不得倒退行走，严禁向输电线路及电气设施上喷水。

进行预应力张拉悬空作业时，应搭设张拉设备和操作人员作业的脚手架或操作平台。雨天张拉时，应搭设防雨棚。

在混凝土达到规定的强度和弹性模量值后，方可对其施加预应力。

预应力筋、锚具、夹具和连接器应具有可靠的锚固性能、足够的承载能力。对于需敲击才能松开的夹具，必须保证其不影响预应力筋的锚固、不危及操作人员的安全。

张拉区应设置明显的警示标志，严禁非操作人员进入。张拉区两端必须设置防护挡板，且应高出最上一组张拉钢筋 0.5 m，挡板应宽出张拉端两侧各不小于 1 m。

张拉人员必须在张拉端侧面作业。张拉时，千斤顶后面严禁站人，不得踩踏高压油管。油泵工作时，严禁操作人员离岗。

注浆时应调整好安全阀。关闭阀门时，作业人员应站在侧面，并应穿防护服、戴护目镜。

砌体工程基础开挖、砌筑作业，必须按规定佩戴安全帽。碎石作业必须按规定佩戴安全帽、护目镜。

在离地面 2 m 及以上的高处或高边坡坡面上从事砌筑、撬石、运料等作业时，必须搭设脚手架作业平台并设防护网防护，作业人员应系安全带。

进行挡护工程砌筑时，应先做好排水，经常检查基坑边坡稳定情况。高出地面时，人员严禁靠近墙脚或坡脚。砌筑锥体或坡面时，严禁采用自上而下自由滚落的方式运送石料。

5.6.10 起重吊装作业

参加起重吊装的作业人员必须经过专业培训，特种作业人员必须考核合格，持证上岗。

对吊钩应进行经常性检查和定期检查。经常性检查可由操作人员执行。

吊装作业前，应对起重机械的制动器、吊钩、钢丝绳和安全装置进行检查，发现性能不正常时，应在操作前排除。

在吊装作业中，当重物吊起、转向、走行、接近人员、下落时，必须鸣铃示警。

遇六级及以上强风时必须停止露天吊装作业。

起重指挥应由经安全技术培训合格的专职人员担任，无指挥或信号不清时严禁起吊。

起重机械在作业中停机时，必须先将重物落地，不应将重物悬在空中停机。

利用非标起重设备进行起重吊装作业时，应制订安装、拆除、吊装作业的安全技术操作规程及安全管理制度，并对作业人员进行安全技术培训后方可上岗作业。

在电气化铁路上使用架桥机、起重机等设备作业，当距接触网带电部分小于 2 m 时，接触网必须停电。

5.6.11 高处作业

高处作业必须编制安全技术措施，工艺复杂、危险性较大的工程应编制安全专项施工方案。

高处作业人员必须定期进行体检。高处作业人员必须经过专业技术培训，特殊工种人员必须持证上岗。施工前，应逐级进行安全技术教育及交底，落实所有安全技术措施。

高处作业所需的安全防护用品及防护设施、标志、工具、仪表、电器设施，必须在施工前进行检查或试验合格，方可投入使用；作业人员必须正确佩戴和使用防护用品。

高处作业所用的物料、机具、工具等，必须堆平放稳，不得妨碍通行和装卸。对有可能坠落的物件必须先行拆除或加以固定。

雨雪天气进行高处作业时，必须采取可靠的防滑、防寒、防冻措施，及时清除水、雪、冰、霜。

搭设与拆除防护设施时，应设警戒区，并派专人监护。拆除时应自上而下，严禁上下同时拆除。

立体交叉作业时，不得在同一竖直方向上下同时操作。下层作业的位置，必须处于依上层高度确定的可能坠落的半径范围之外。不符合以上条件而必须作业时，应设置安全防护层。

跨越公路行车线、居民区、架空电线线路施工前，必须采取可靠的防护措施。

临边防护栏杆杆件的规格及连接，应保证稳固可靠。防护栏杆应由上、下两道横杆及立柱组成，上杆距下平面的高度为 1.0~1.2 m，下杆距下平面的高度为 0.5~0.6 m。

坡度较大的作业面，防护栏杆的高度应为 1.5 m，并加挂安全立网或在栏杆下边设置严密固定的高度不小于 18 cm 的挡脚板。除经设计计算外，横杆长度大于 2 m 时，必须加设栏杆立柱。立柱应固定牢靠。

悬空作业所用的索具、脚手板、吊篮、吊笼、平台等设施，必须进行安全技术检算，并验收合格。

移动式操作平台应具有足够的强度、刚度和稳定性，并应标明允许荷载值，使用过程中严禁超过允许荷载。

脚手架施工前应根据构筑物的特点和施工工艺进行设计，编制安全技术措施。危险性较大的脚手架工程应编制专项施工方案。施工前应向作业人员进行交底。

脚手架的地基必须满足承载力和沉降要求，并应采取防水、排水和防冻融措施。位于河道中的脚手架还应有防洪水和漂流物冲击的措施。

脚手架应具有足够的强度、刚度和稳定性，能承受施工期间可能产生的各项荷载。

5.6.12 特殊场所作业

在项目施工前，必须检查确认施工作业过程与环境中存在的影响作业人员健康的职业危害因素及其危害程度，制订职业危害防治实施方案和应急预案，健全管理制度和操作规程，对作业人员进行安全技术交底。

对可能发生急性职业损伤的有毒、有害作业场所，设置报警装置，配置现场急救用品、冲洗设备、应急撤离通道和必要的排除险情区域。

对职业危害防护设备、应急救援设施和职业危害防护用品，应进行经常性的维护、检测、修理，确保其使用状态安全可靠，不得擅自停用或拆除。

定期组织职业健康检查，不安排有职业禁忌证的人员从事其禁忌的作业。

定期检测作业场所的粉尘浓度，采取措施，减少作业人员吸入粉尘的机会。

定期检查、督促噪声场所作业人员正确佩戴和使用耳塞、耳罩、防声帽等听力防护用品，严禁超时、超强作业。

高温环境作业应调整作业时间，加强作业场所通风、淋水、降温，露天作业应设置间休凉棚。

为高温环境作业人员提供清凉饮料，配备消暑药品。

5.6.13 季节性施工

根据施工所在地、季节性变化规律、水文地质情况，结合建设项目施工特点，编制季节性施工方案和突发事件应急预案。

在汛期、台风季节应成立防洪抢险组织机构，建立值班制度，及时掌握气象情况，采取施工防范措施。

按照季节性施工方案的要求，配备充足的物资、设备、器材及劳动防护用品等。

对所有从事季节性施工的人员进行季节性施工安全教育与培训。

雨季施工前，对施工场地、在建工程、材料堆放场、设备存放场、运输便道等的防洪设施进行检查、加固，疏通排水沟渠。对有可能被洪水淹没的临时房屋、设备、物资，应采取搬迁措施。

雨季施工时，作业场所的脚手架、跳板、桥梁、墩台等作业面应采取防滑措施；场内机动车辆行驶时应减速防滑，靠近基坑边缘卸料时应设置止挡装置。

强风、大雨前后，应对临时房屋等工程设施进行检查，发现滑坡、坍方、倾斜、变形、漏雨等危险情况时，必须及时组织抢修、防护和加固。

暴雨前后，必须对钢塔架、大型设备、高大脚手架、支（拱）架等的避雷装置与机电设备进行检查、测试和整修，应使其不受潮、不漏电、接地电阻值符合国家现行标准《建筑与市政工程施工现场临时用电安全技术标准》（JGJ/T 46—2024）的规定。

雷雨天气，严禁从事露天钢结构、钢脚手架、钢支（拱）架、钢模板等的安装、拆除及焊接作业。

冬期施工应采取防滑、防冻措施。霜雪过后，应及时清扫施工现场道路及作业面上的积雪、浮冰；在高处进行焊接、安装、绑扎施工时，应采取可靠的防滑措施。

冬期施工使用的储气罐、氧气瓶、乙炔瓶、连接胶管发生冻结时，严禁使用明火烘烤或用金属器具敲击气阀。

六级大风到来期间，应停止一切户外施工和室内大型集体活动，切断室外电源。

六级大风前后，应对驻地房屋、工地、料库（场）、在建的高大建筑物、危险设备、搅拌站、脚手架、临时设施、电杆塔架、排水设施等进行检查、加固、疏通或迁移。

5.6.14 临时工程和过渡工程

工程开工前应对地形、地物、地貌、工程地质、水文地质、气象、水电供应、交通运输、施工环境及地下隐蔽物等做好调查，对施工现场和临时、过渡工程进行合理规划和布置。

对于地处洪水、雷电、强风、滑坡、泥石流等自然地质灾害影响区域内的临时工程，选址时应进行勘察和安全评估。

生产、生活污水应按规定排放，不符合排放标准的应进行处理。生活垃圾应弃置在垃圾池或垃圾箱内，并定期清运、填埋。

对于位于城市居住区及居民集中区的临时工程和过渡工程的场地、道路等，应采取抑尘措施。

生产区、辅助生产区、办公生活区应合理划分区域，并采取隔离措施。

应在施工现场的醒目位置设置铁路建设项目标准化管理目标及工程创优牌、工程概况牌、管理人员名单及监督电话牌、消防保卫牌、环境保护牌、安全生产牌、文明施工牌和施工现场平面图（"七牌一图"），并按有关规定设置安全警示标志。

施工现场布置应满足消防要求。易燃和可燃材料的存放场所应依据消防要求配备消防器材。消防器材应由专人管理，定期检验。

临时油库设置应符合国家有关消防规定。库区应封闭管理，配足消防设备并设专人看守。严禁在库区存放其他易燃易爆品。

爆破器材库必须符合防爆、防雷、防潮、防火、防鼠和防盗等要求，并应有良好的通风和防爆照明设备。库房距厂矿、村镇、人口稠密处、交通要道及其他建筑物的安全距离，必须符合现行国家标准《爆破安全规程》（GB 6722—2014）的有关规定。

对于变配电所、空气压缩机房、发电机房、锅炉房、油库、爆破器材库等危险性较大的场所，应封闭管理并设置安全警示标志，非工作人员未经批准不得入内。

临时建筑使用前，应按规定进行检查验收，验收不合格者严禁投入使用。

临时道路应根据使用功能、环境条件设计，并按规定进行审批。利用既有道路时应根据运输荷载等条件进行检算。

临时道路应按规定设置安全警示标志，并由专人养护维修，保持畅通。

临时道路靠近高路堑、深基坑时应设置防护设施及安全警示标志。

行人、车辆频繁通过的临时道路交叉路口应悬挂安全警示标志。

过渡工程必须按照批准的施工组织设计、施工方案和施工计划进行施工，保证行车安全，减少对铁路运输的影响。

过渡工程的竣工验收应按照正式工程组织。过渡工程应提前进行验收（拢口拨接地段除外），对不能预先组织机车轧道的过渡工程，应由施工领导小组成员单位联合检查，确认达到工程施工质量验收标准的要求，验收合格后方可开通。

过渡工程的开通速度和运行速度由施工单位依据设计和施工资料提出申请，经运营单位审查后确定。

5.7 安全生产奖罚管理

5.7.1 目的

为了贯彻执行安全生产验评标准，切实搞好安全生产，认真做好预防工作，确保职工人身和集体财物的安全，杜绝重大伤亡事故的发生，特制定安全生产奖罚制度。

5.7.2 奖励

参照公司对工程安全质量相关的奖励办法。

5.7.3 处罚

开工前，作业队必须向项目部、公司相关部门报送相关专项安全施工方案等和持证人员履历表及证件，经项目部、公司审核同意后方可开工。

为了加强工地安全工作，作业队工地必须配备持证专（兼）职安全人员。

作业队特殊工种必须持证上岗。

作业队必须服从项目部、公司对安全工作的领导、检查和监督，接受项目部、公司的指导。如作业队贯彻执行不力，经项目部、公司安全检查评定为安全不合格工地，除按项目部、公司意见限期整改外，对作业队、作业队队长、技术主管处以相应罚款。

公司、项目部到作业队检查工作，如施工用电、火工品使用、电气设备、安全防护、施工机械及起重设备、施工机具等的分项有一项不符合安全规定，对作业队处以相应罚款。

（1）施工用电有一项不符合安全规定的，处以相应罚款。

（2）楼梯口、通道口、阳台口等有一处没有防护设施的，处以相应罚款。

（3）施工机具有一台不符合安全要求的，处以相应罚款。

若经当地安监部门、建设单位检查评定为安全不合格工地，除限期整改，接受有关部门处罚外，对作业队、作业队队长处以相应罚款。

作业队发生伤亡事故，除按规定向项目部报告外，作如下规定，如隐瞒不报，加倍处罚。

（1）查明作业队发生伤亡事故原因，如属违章指挥，要求工人冒险作业或安全设施不符合规定而造成的，视情节轻重对作业队、作业队队长及技术主管处以相应罚款，对其他管理人员视情况进行罚款；情节特别严重的，要追究作业队领导责任，按有关规定由有关部门进行刑事处罚。

（2）查明作业队伤亡事故原因，如属工人违章作业造成，对作业队队长、技术主管及其他管理人员视情况处以相应罚款。

作业队开工前，全体职工接受三级安全教育，新增工人需上报公司、项目部进行三级安全教育补课。如发现未经三级安全教育的工人上岗作业，对作业队队长、技术主管每人处以相应罚款。

每道工序工作前必须进行安全技术交底并做好记录。如发现未经交底而参加作业，对作业队队长、技术主管每人处以相应罚款。

"三宝"的使用：作业队工地在设备安装、拆除时必须按规定悬挂安全网，如工地在临街处或人行道通道处不挂安全网，对作业队进行相应处罚，责令其采取措施做好防护；高空作业按规定系好安全带，如发现不系安全带而进行高空作业的工人，对其处以罚款；工地有安全带，工人不系者，罚款由个人负责，如作业队未配备安全带，则处罚作业队队长；发现现场作业人员有不戴安全帽或穿背心、拖鞋的，对违者处以罚款。

工地必须悬挂"七牌一图"，如发现缺一块或人为损坏一块，处以相应罚款。

安全技术资料必须齐全，而且要有针对性，发现安全资料不全，按缺少项数进行罚款。

上述各条罚款中，个人罚款直接由个人上交到项目部。